SCHREIBER • ANNA POLITKOWSKAJA
CHRONIK EINES ANGEKÜNDIGTEN MORDES

Norbert Schreiber
Anna Politkowskaja
Chronik eines angekündigten
Mordes

Wieser *Verlag*

Wieser *Verlag*

KLAGENFURT – WIEN – LJUBLJANA – SARAJEVO
A-9020 Klagenfurt/Celovec, Ebentaler Straße 34b
Tel. +43(0)463 37036, Fax +43(0)463 37635
office@wieser-verlag.com
www.wieser-verlag.com
Copyright © 2007 by Wieser Verlag, Klagenfurt/Celovec
ISBN-10 3-85129-652-4
ISBN-13 978-3-85129-652-5

Inhalt

Dieses Buch ist Anna Politkowskaja gewidmet

>>Das Recht der Bürger auf eine objektive Information ist die
Hauptpriorität in der Entwicklung einer Bürgergesellschaft.<<
Wladimir Putin

>>Viele Menschen in meinem Land bezahlen mit dem Leben,
weil sie laut sagen, was sie denken.<<
Anna Politkowskaja

Norbert Schreiber

Ante scriptum
Leben – Tod – Erinnerung
Chronik eines angekündigten Mordes

Leben

Leipzig. Zeit der Bücherschau. 17. März 2005.
Am Vormittag hat Anna Politkowskaja ihr neues
Buch der internationalen Presse vorgestellt, im
Rubinsaal des Hotels »Fürstenhof«. Das aristo-
kratische Ambiente passt nicht zu der bescheidenen Autorin. Fürstenhöfe sind ihre Sache nicht,
ebenso wenig die großen Auftritte. Wir treffen uns
am Nachmittag in einem nüchternen Interviewzimmer der Messeverwaltung, das uns freund-
licherweise von der Leitung für ein ruhiges Gespräch, abseits des Medienrummels, zur Verfügung gestellt wird.
Anna Politkowskaja arbeitet eben lieber im Hintergrund, ohne pompöse Medienpräsenz, für die in

11

Moskau erscheinende Zeitung »Nowaja Gaseta«.

Seit Beginn des »Zweiten Tschetschenien-Krieges« berichtet sie in kritischen Reportagen – unter ständiger Gefährdung ihres Lebens – aus der Kaukasusrepublik. So offen, so ehrlich, so kritisch, dass ihre Worte, ihre Sätze, ihre Interpretationen sie zu einer politischen Unperson in Russland gemacht haben.

Die Themen der engagierten Journalistin sind die massiven Menschenrechtsverletzungen, die Kriegsverbrechen der russischen Militärs, der Terror der kaukasischen Milizen, Folter, Hinrichtungen, Korruption und das Verschwinden von Zivilisten, die in die Kriegsauseinandersetzungen verwickelt worden sind.

Für russische Armee- und Regierungskreise ist die Politkowskaja ein rotes Tuch, weil sie unerschrocken und unablässig über Tschetschenien berichtet. Ungeschminkt. Klar. Wahr. Und immer wieder behindern dabei anonyme Kräfte ihre Arbeit. Vor den Mächtigen kuscht sie aber nicht, sie bleibt ehrlich, unbeugsam, kompromisslos, eine »Ikone« der Moral.

Anna Stepanowna Politkowskaja ist in New York geboren. Ihre Eltern sind ukrainischer Abstammung und waren bei den Vereinten Nationen im diplomatischen Dienst der ehemaligen UdSSR beschäftigt. Politkowskaja studiert Journalismus an der Moskauer Universität und legt 1980 ihr Examen ab.

Von 1982 bis 1993 arbeitet sie bei verschiedenen Zeitungen und Verlagen, schreibt Artikel unter anderem in der »Iswestija« und der Zeitschrift »Megapolis-Ekspress«, wechselt dann das Medium. Von 1994 bis Mitte 1999 ist sie als leitende Redakteurin für Notfall- und Krisensituationen, Kommentatorin und stellvertretende Chefredakteurin bei der Wochenzeitung »Obschtschaja Gaseta« tätig.

Schon 2003 hat sie mit dem Buch »Tschetschenien. Die Wahrheit über den Krieg« die schrecklichen Gewaltszenen und Terrorakte buchstäblich ans Licht der Öffentlichkeit gezerrt. Ihre journalistische Arbeit erregt international Aufmerksamkeit. Sie wird mit Preisen geradezu überhäuft und erhält den »Lettre Ulysses Award« für die beste europäische Reportage, wird ausgezeichnet mit dem Olof-Palme-Preis, weil sie bei ihrem Einsatz für die Menschenrechte »Mut, oft verbunden mit erheblichen persönlichen Opfern und Risiken«, gezeigt habe.

Václav Havel und Hanan Ashrawi hatten den Olof-Palme-Preis vor ihr bekommen.

Sie ist Trägerin des Leipziger Medienpreises, den sie 2005 erhält. Dieser würdigt ihr »persönliches Engagement, mit Beharrlichkeit, Mut und demokratischer Überzeugung für die Sicherung und Entwicklung der Pressefreiheit« einzutreten.

Zurück ins Interviewzimmer, wo wir zwischen modernen, nüchternen Stahl-Glas-Fassaden umso leidenschaftlicher diskutieren: über Attentate und Zerstörung, Macht und Politik, Freiheitsbewegungen, den Kampf einer einzelnen Journalistin und ihre Erfolgsaussichten in diesem mühevollen Einsatz für das Recht auf ein Leben ohne Gewalt und Terror – in Frieden.

Die Einladung zur Verlagspräsentation ihres neuen Buches (»In Putins Russland«) zeigt auf der Umschlagsseite einen energischen Präsidenten Wladimir Putin, mit streng nach vorn gerichtetem Blick, auf rotem Teppich, zaristisch-majestätisch einherschreitend. Links und rechts reiht sich das Claque-Publikum in festlicher Kleidung, dem »Medienpräsidenten« Russlands kräftig applaudierend, Verbeugung vor »Zar Putin«.

Was so repräsentativ, so fürstenhöfisch wirkt, verkehrt sich im Inneren des Buches in sein völliges

Gegenteil. Anna Politkowskaja beschreibt die Putin'sche Präsidentschaft:

Und schließlich die dritte Umbruchzeit unter Putin. Vor dem Hintergrund einer neuen Phase des russischen Kapitalismus mit unübersehbar postsowjetischem Anstrich. Eines ökonomischen Modells, das der Herrschaftszeit des zweiten Präsidenten Russlands ganz und gar entspricht und gekennzeichnet ist durch einen eklektischen Mix aus Markt und Dogma, eine Vermischung von allem mit allem. Wo es beträchtliche Mengen an disponiblem Kapital gibt und ebenso viel typisch sowjetische Ideologie, die diesem Kapital Vorschub leistet, sowie noch mehr Verarmte und Mittellose. Außerdem erlebte die alte Führungskaste der Nomenklatura einen neuen Aufschwung. Diese breite Schicht sowjetischer Staatsfunktionäre, die wieder in ihre Funktion eingesetzt wurde und sich an die neuen ökonomischen Bedingungen sehr schnell und nur allzu gern anpasste. Die Nomenklatura will jetzt genauso üppig leben wie die »neuen Russen«, und das bei verschwindend geringen offiziellen Gehältern; sie will um keinen Preis der Welt die neue Ordnung gegen die alte sowjetische eintauschen, doch so ganz geheuer ist ihr diese neue Ordnung mit ihrem – von der Gesellschaft immer nachdrücklicher eingeklagten – Streben nach Recht und Ordnung nun auch wieder nicht, also verwendet sie einen Großteil ihrer Zeit darauf, sich unter Umgehung von Recht und Ordnung persönlich zu bereichern. Mit dem Ergebnis, dass die Korruption unter Putin ein beispielloses Ausmaß erreichte, von der neuen, alten Putin'schen Nomenklatura zu einer Blüte geführt, wie sie weder zur Zeit der Kommunisten noch unter Jelzin denkbar war.

Anna Politkowskaja schockiert mit realistischen Schilderungen der schrecklichen Kriegszerstörungen in Tschetschenien. Ihre zahllosen Reportagen über Reisen in den Nordkaukasus sind packend, aufwühlend, provozierend. Sie pflegt intensive Kontakte zu Untergrundkämpfern, Flüchtlingen, russischen Soldaten, Zivilisten. Ihre Reportagen zeigen das Gewaltszenario, ein Inferno des täglichen Terrors.

Die mit Leidenschaft geschriebenen Reportagen machen die international anerkannte Journalistin zu einer ausgesprochenen Gegnerin des russischen Macht- und Sicherheitsapparates und zu einer direkten Widersacherin oder gar Feindin Putins. In seinem neuautoritären Staat herrscht das alte Führerprinzip: im Inneren Autokratie und Rechtlosigkeit, nach außen extremer Nationalismus. Staatliche Willkür, Geheimdienstmethoden, brutale Militäraktionen und überwachte Wirtschaft – das sind die Elemente eines Restaurationskurses, der Russland wieder zu einem Global Player ermächtigen will.

Die Presse unter Kuratel, kritische Journalisten angefeindet, bekämpft, ja verfolgt. Sie werden getötet, verlieren ihre Jobs oder müssen sich in langwierigen Gerichtsverfahren gegen Angriffe verteidigen.

Das Zentrum für Journalisten in extremen Situationen weist in seiner Statistik mehr als zweihundert Journalisten als Todesopfer aus. Sie wurden erschossen, erschlagen, vergiftet, erwürgt, bei Bombenanschlägen in die Luft gesprengt, oder sie sind einfach spurlos verschwunden. Aber es sind nicht nur Journalisten, die ihr Leben lassen, auch Vertreter des Staates werden ermordet, neun Bürgermeister und ihre Stellvertreter, vier Gouverneure und Kandidaten, regionale Verwaltungschefs, Angehörige der Geheimdienste, Banker und Geschäftsleute. Und im Exil lebende Agenten oder Überläufer sowieso. Fünf- bis achthundert Auftragsmorde werden pro Jahr in Russland registriert.

Pressefreiheit ist kein hohes Gut in Russland. Es fehlt am rechtsstaatlichen Verständnis. Der mangelnden Ausbildungsqualität im Journalismus steht zudem die fehlende Transparenz der Bürokratie gegenüber. Die Politik erwartet gläubige Jubeljournalisten, Kritiker werden zum Schweigen gebracht, mit unverhüllten Drohungen, dem Zwang, ins Exil zu flüchten, durch unrechtmäßige Gefängnisaufenthalte ohne ordentliche Gerichtsverfahren oder durch politischen Mord. Auch westliche Korrespondenten werden mit Drohanrufen eingeschüchtert. Kritische Meinungen auf Websites, in Weblogs oder im Mail-Verkehr unterliegen offenbar ebenfalls intensiver Überwachung durch Geheimdienste.

Die Soziologin Olga Kryschtanowskaja, die als Wissenschaftlerin die Elitenbildung in Russland untersucht, geht davon aus, dass eine große Zahl von KGB-Offizieren in Unternehmen, Banken und Sicherheitsfirmen untergeschlüpft ist: »Dieses KGB-Netz wurde von der Macht für neue Aufgaben aktiviert. In den Machtstrukturen haben zudem bis zu drei Viertel aller Vertreter Beziehungen zu Geheimdiensten. Bei mehr als einem Viertel der Staatsfunktionäre wird in der Vita offiziell angegeben, dass sie eine KGB-Vergangenheit haben.«

Anna Politkowskajas kräftezehrende Mission, der sie sich von nun an mit ganzer Kraft widmet, lautet daher, die Zustände in diesem Russland und die ungeschminkte Wahrheit über Tschetschenien schonungslos und ohne Rücksicht auf die eigene Gefährdung ans Tageslicht zu bringen, damit die Weltöffentlichkeit sie endlich zur Kenntnis nimmt – und vor allem handelt.

Sie besitzt das Vertrauen sehr vieler Tschetschenen, sodass es eigentlich niemanden verwundert, dass sie als Mutter von zwei Kindern anbot, mit den Geiselnehmern im Moskauer Dubrowka-Theater zu verhandeln. Doch russische Spezialeinheiten haben das Drama im Morgengrauen längst ohne sie – blutig – beendet. Neben fünfzig tschetschenischen Rebellen werden auch über neunzig Geiseln getötet. Das war 2002.

Zwei Jahre später will sie in das nordossetische Beslan fliegen, um bei einer anderen Geiselnahme zu vermitteln, in der tschetschenische Rebellen in der Mittelschule tausenddreihundert Erwachsene und Schulkinder in ihre Gewalt gebracht haben. Auch dieser Terrorakt endet blutig: Während der offenbar planlosen Erstürmung durch Sicherheitskräfte werden nach offiziellen Angaben 331

Menschen getötet und 704 verletzt, darunter mehr als zweihundert Kinder. Anna Politkowskaja kann das blutige Drama nicht verhindern. Und das hat seinen Grund in einem rätselhaften Zwischenfall.

In der Abflughalle des Moskauer Flughafens spricht ein Unbekannter die Journalistin an und gibt ihr mit Komplimenten zu verstehen, er sei ein großer Bewunderer ihrer journalistischen Arbeit, er würde sie gerne persönlich in das Flugzeug begleiten. Politkowskaja besteigt einen Kleinbus, in dem drei unbekannte Männer sitzen, die mutmaßlich dem Geheimdienst angehören. Als Anna Politkowskaja an Bord einen Tee trinkt, bricht sie zusammen und wird ins Krankenhaus eingeliefert. Akute Lebensgefahr. Die Ärzte vermuten, dass eine Vergiftung vorliegt, können aber kein Gift nachweisen. Ein Mordversuch, ein Warnschuss, ein dummer Zufall? Anna Politkowskaja glaubt an einen Giftanschlag.

Welche Parallele: Während ich an diesem Vorwort schreibe, stirbt in London ein ehemaliger Mitarbeiter des FSB an den Folgen eines Giftanschlags mit dem radioaktiven Stoff Polonium. Auch er hatte »Teatime« mit zwei Russen.

Alexander Litwinenko war früher selbst Oberstleutnant des russischen Inlandsgeheimdienstes FSB und ein scharfer Kritiker des russischen Präsidenten. Litwinenko beschuldigt Wladimir Putin, in den »Fall Politkowskaja« verwickelt zu sein.

In einer Sushi-Bar traf Litwinenko mit den Geschäftsleuten und früheren Angehörigen des Geheimdienstes Andrei Lugowoi und Dimitri Kowtun zusammen, ebenso mit dem Italiener Mario Scaramella, der gleichfalls dem Geheimdienstmilieu zugerechnet wird.

Litwinenko soll sich auch mit dem Tod der Journalistin Politkowskaja beschäftigt haben. Angeblich hat Scaramella ihm Unterlagen dazu gegeben. Darin werden Spezialeinheiten des FSB verdächtigt, die Urheber des Mordes an Anna Politkowskaja gewesen zu sein. Litwinenko und der Oligarch Beresowski sollen als mögliche weitere Anschlagsopfer benannt worden sein.

Litwinenko wird nach dem Treffen mit Vergiftungserscheinungen ins Krankenhaus gebracht. Sein Gesundheitszustand verschlechtert sich von Tag zu Tag. Litwinenko behauptet in einem BBC-Interview, Opfer eines Giftanschlags geworden zu sein. Das vorläufige Ergebnis der Ermittlungen: Alexander Litwinenko ist mit einer hohen Konzentration der radioaktiven Substanz Polonium-210[1] vergiftet worden. Beamte fanden Spuren davon im Sushi-Restaurant »Itsu« und im Hotel »Millennium«, in dem Litwinenko sich zuletzt aufgehalten hatte, bei mehreren Kontaktpersonen, die sich mit Litwinenko getroffen hatten, an zwölf weiteren Orten in London und anderswo – im Büro des Milliardärs und Putin-Feindes Boris Beresowski, bei der Sicherheitsfirma Erinys, in mehreren Flugzeugen der British Airways. Die Vergiftung Litwinenkos mit Polonium führte zu

[1] Natürliches Polonium ist ein Zerfallsprodukt des Edelgases Radon. Es entsteht beim Zerfall von Thorium oder Uran. Polonium-210 wurde vor Jahrzehnten beim Bau von Atomwaffen in der ehemaligen Sowjetunion eingesetzt. Es handelt sich um ein silberweiß glänzendes Schwermetall, das radioaktiv strahlt. Das Element war von Marie Curie 1897 entdeckt worden. Im menschlichen Körper wirkt Polonium als starkes Gift, 200 Milliarden Mal giftiger als Blausäure. Ein Mikrogramm gilt bereits als tödliche Dosis. Der Alphastrahler Polonium zerstört die Zellen. Bricht die Strahlenkrankheit aus, sind die Symptome Übelkeit, Durchfall, Haarausfall, Schwächeanfälle, dann folgt der Zusammenbruch des Immunsystems und schließlich der Tod. Ein Gramm der Substanz kostet etwa zwei Millionen US-Dollar. Litwinenko soll die hundertfach tödliche Menge, also einhundert Mikrogramm, im Körper gehabt haben. Im Militärbereich wird die Substanz als Zündstoff für Kernwaffen oder als Wärmequelle in Raumsonden benutzt.

einem Ermittlungsverfahren der britischen Sicherheitsbehörden und der Generalstaatsanwaltschaft Russlands wegen Mordes und Mordversuchs unter »Zuhilfenahme eines allgemeingefährlichen Mittels«.

Am 9. Dezember entdeckt die Polizei Poloniumspuren in Hamburg, wo sich Litwinenkos Kontaktmann Kowtun bei seiner ehemaligen Frau Marina aufgehalten hatte. Auf einem Bauernhof und im Wagen Kowtuns fanden sich Poloniumspuren. Er war nach eigenen Angaben mit Litwinenko in Kontakt getreten, um Öl- und Gasgeschäfte abzuwickeln. Litwinenko sollte dafür Firmenkontakte herstellen.

Die Ermittlungsbehörden haben im Laufe ihrer Recherche eine Gruppe von fünf Russen ausgemacht, die mit vielen anderen Fußballfans nach London gereist war, um sich das Champions-League-Spiel Arsenal gegen ZSKA Moskau anzusehen – an diesem Tag begann das dreiwöchige Sterben Alexander Litwinenkos.

Litwinenko hatte schon einmal erhebliches Aufsehen erregt, als er den Medien mitteilte, er sei beauftragt worden, den Oligarchen Beresowski zu ermorden. In einem Buch hatte er später auch behauptet, Putins Geheimdienst habe die Sprengstoffanschläge auf Moskauer Wohnhäuser 1999 selbst inszeniert. Mutmaßungen, Anschuldigungen, aber Beweise fehlen. 246 Menschen fanden damals den Tod.

Daneben soll eine Todesliste zirkulieren, die von angeblichen FSB-Offizieren und Veteranen des KGB erstellt worden sei. Die Organisation »Fonds ›Ehre und Würde‹ der Veteranen des russischen Auslandsgeheimdienstes« widersprach jedoch den Anschuldigungen, die von einem übergelaufenen Agenten Imarjow geäußert worden waren. Die Organisation kündigte gegen die Vorwürfe auf internationaler Ebene juristische Schritte an.

»Es ist ganz eindeutig: Sie arbeiten eine Liste ab. Der Staat hat sich zu einem Serienkiller entwickelt.«
Alexander Litwinenko

Litwinenko hat wenige Tage vor seinem Tod in einer Erklärung den russischen Präsidenten Putin für seine Vergiftung verantwortlich gemacht: »Sie mögen Erfolg damit haben, einen Mann zum Schweigen zu bringen, doch die Protestschreie aus der ganzen Welt werden Ihnen, Herr Putin, bis ans Lebensende in den Ohren klingen. Sie haben sich genauso barbarisch und unbarmherzig gezeigt, wie es Ihre schlimmsten Kritiker behaupten«, heißt es in seinem Testament.

Am 23. November 2006 stirbt Alexander Litwinenko um 21.21 Uhr an einem Herz- und Kreislaufversagen infolge der Strahlenschäden.

»Solche Spekulationen sind unbegründet«, wies Präsident Putin die Anschuldigungen am Rande eines Gipfeltreffens in Helsinki zurück. Putin bezeichnete den Tod Litwinenkos als eine Tragödie. Er habe der Familie sein Beileid ausgesprochen, und er sei bereit, der britischen Regierung jede Unterstützung bei der Aufklärung zukommen zu lassen. Es gebe eine Tendenz, auf Morde in Russland zu zeigen, solche Verbrechen in anderen Ländern aber zu ignorieren. Der ehemalige FSB-Vorgesetzte Litwinenkos Jewgeni Sowostianow kommentierte in einem Interview von SPIEGEL-TV, es sei absurd zu meinen, der FSB würde einen einflusslosen Agenten auf so skandalöse Art und Weise töten und damit »das erste Beispiel für Atomterrorismus« liefern.

Bei einer Diskussionsveranstaltung der Deutschen Gesellschaft für Auswärtige Politik behauptet Putins Wirtschaftsberater Igor Schuwalow, Feinde des Kremls stünden hinter den Morden.

»Ihr Ziel: Sie wollten Putin mit Hilfe dieser durchdachten Provokation diskreditieren. Es gibt starke Gruppierungen, die sich vereinigt haben, um den Präsidenten und dessen Kurs ständig zu attackieren.« Juristische Kreise in Moskau sehen »reiche russische Exilanten« als Hintermänner.

Presseberichte schließen auch die Möglichkeit nicht aus, dass Litwinenko beim Schmuggel radioaktiver Stoffe für den Bau einer schmutzigen Bombe verstrahlt worden ist. Andere Geheimdienstquellen gehen von einer organisierten, zielgerichteten Diskreditierung Russlands im Vorfeld des Machtkampfs um die Putin-Nachfolge aus. Die »Nowaja Gaseta« legt eine Eigenrecherche vor, zum FSB gebe es Parallelstrukturen, die im Interesse des Staates Gegner ausschalteten, das seien Sondereinsatzgruppen der Geheimdienste, die heikle Aufträge übernähmen, rekrutiert aus den Kreisen von Privatdetekteien oder Wachfirmen, die Personal aus dem Geheimdienstmilieu beschäftigen.

Der ehemalige Bundeskanzler und Kuratoriumsvorsitzender für die Ostseepipeline Gerhard Schröder lobt Putin, der Russland innen- und außenpolitisch zur Stabilität zurückgeführt habe.

Defizite bei der Demokratisierung seien unbe-
stritten, Morde wie an der regimekritischen Journalistin Anna Politkowskaja seien bedauerlich,
die Täter gehörten bestraft. Allerdings werde
auch in anderen Ländern gemordet. Und nicht in
Ordnung sei es, wenn bei jedem Mordfall reflex-
artig dem Kreml und Putin die Schuld gegeben
werde.

Der Architekt der Ostpolitik Egon Bahr zitiert
bei der öffentlichen Veranstaltung der Deutschen
Gesellschaft für Auswärtige Politik im Beisein
Gerhard Schröders George Bush senior: »Was
spricht dagegen, dass Russland seine eigene Form
der Demokratie herausbildet? Geben wir ihnen
doch die notwendige Zeit dafür.« Schröders Zitat
vom »lupenreinen Demokraten« aufgreifend,
sagt Bahr, er würde Putin nie einen Muster-
demokraten nennen. Der Altkanzler entgegnet,
er habe nichts zurückzunehmen. Schröder der
»Russland-Flüsterer«.

Anna Politkowskaja macht einen sehr ernsten,
fast verschlossenen Eindruck, als ich sie zu unserem Interview begrüße. Sie hat eine vertraute
Dolmetscherin mitgebracht, die schnell und präzise meine Fragen übersetzt. Anna Politkowskaja

antwortet kurz, ohne auszuschweifen und die Dolmetscherin dabei zu überfordern. Die Journalistin steht unter einem sehr starken Druck, den sie hinter einem fast geschäftsmäßigen Ton versteckt; ihr Sprechen wirkt depressiv, ihre Gesten ermüdet. Nicht verwunderlich, wenn man sich täglich dem Grauen der Welt und insbesondere dem in Tschetschenien widmet. Der ehemalige Mann der Ermordeten, der renommierte Fernsehjournalist Alexander Politkowski, meint: »Anna lebte wie auf einem Vulkan.«

Als ob eine Vorahnung mich leiten würde, stellt sich bei mir das Gefühl ein, dies könnte unser erstes und letztes Interview sein; ich frage daher Anna Politkowskaja, wie sie den Druck aushalte und wie sie die ständige Bedrohung verkrafte – es wird die Frage nach dem »angekündigten Mord«:

Viele Menschen in meinem Land bezahlen mit dem Leben, weil sie laut sagen, was sie denken. Ich versuche, nicht daran zu denken, weil ich ansonsten nicht arbeiten könnte, es wäre unmöglich. Also blende ich diese Gedanken aus und sage, dass ich einfach das Schicksal derjenigen teile, die dafür kämpfen, dass demokratische Prinzipien in Russland endlich installiert werden und das Leben ein demokratisches wird, wobei es möglich ist, dass dieser Kampf nicht gut ausgeht. Aber das ist dann einfach so.

Am 8. Oktober 2006 endet die Meldung der Deutschen Presse-Agentur, die biografischen Daten von Anna Politkowskaja zusammenfassend, in der nüchternen Prosa von Nachrichtenagenturen:

»*Todesart:*
Wurde in ihrem Haus erschossen«

Tod

7. Oktober 2006. Samstagnachmittag. Ein unbekannter Mann hat sich in das Wohnhaus von Anna Politkowskaja geschlichen. Sie lebt in einer zehnstöckigen Mietskaserne, die noch aus der Stalin-Zeit stammt. Adresse Lesnaja Uliza Nr. 8. In dieser Straße gibt es noch ein paar revolutionäre Überbleibsel, zum Beispiel ist im Haus Nr. 55 die Druckerei der RSDRP (der Russischen Sozialdemokratischen Arbeiterpartei) untergebracht, die während der ersten Revolution dort arbeitete – unerkannt, im Untergrund. Früher war die ganze Stadt gespickt mit solchen kleinen Revolutionsmuseen. Nur wenige davon sind übrig geblieben.

Das Wohnhaus von Anna Politkowskaja ist ein schäbiges Gebäude, mit Steinquadern errichtet. 16.05 Uhr. Der Mörder wird von einer Videokamera gefilmt: ein junger Mann mit Baseballkappe, dunklem Hemd und dunkler Hose. Er ist durch die zweite Tür ins Haus gekommen und erwartet auf halber Treppe sein Opfer.

Anna Politkowskaja kommt aus dem »Ramstore«-Einkaufszentrum. Von dort aus ist sie schon von einer unbekannten Frau verfolgt worden. Das zeigen Aufzeichnungen anderer Überwachungskameras. Anna Politkowskaja hat zwei Tüten in ihre Wohnung getragen. In ihrem silbernen Lada, der vor dem Eingang geparkt ist und in dem ihre Tochter sitzt, liegen noch Einkaufstüten, die sie in ihre Wohnung tragen möchte. Ein paar Lebensmittel, etwas Gemüse, Sanitärartikel. Anna Politkowskaja will mit dem Lift ein drittes Mal nach oben fahren. Sie hat den Rufknopf gedrückt, kommt aber nicht mehr dazu, den Fahrstuhl zu betreten. Als sich die Lifttür öffnet, fallen drei Schüsse – zwei treffen sie dicht neben dem Herz, die dritte Kugel zerfetzt ihre Schulter. Dann gibt der Mörder einen gezielten Schuss in den Kopf ab, den sogenannten Kontrollschuss. Das Opfer war längst tot. Am Ort des Mordanschlags finden die Ermittler neben der Handfeuerwaffe, Marke Makarow-Pistole, vier Patronenhülsen. Dieser Typ war als Ordonnanzpistole in der Sowjetarmee eingesetzt.

Anna Politkowskaja wurde auf dem Trojekurow-Friedhof im Südwesten Moskaus beigesetzt. Auf einem orthodoxen Holzkreuz ist ihr Name eingeritzt. Sie wurde 48 Jahre alt.

Wladimir Lukin, der russische Menschenrechtsbeauftragte, zeichnete Anna Politkowskaja posthum mit der Menschenrechtsmedaille aus. Es wirkt wie eine Verlegenheitsgeste.

»Nowaja Gaseta«

Zweimal in der Woche erscheint die »Nowaja« in Moskau. Wie viele Zeitungen existieren auf der Welt, die eine Todesliste für die eigenen Redakteure und Reporter führen müssen? Die »Nowaja Gaseta« hat seit dem Gründungsjahr 1999 schon drei Journalisten verloren, weil das Blatt immer und immer wieder, trotz Einschüchterungsversuchen, die unheilige Allianz von Macht, Wirtschaft und organisiertem Verbrechen ans Tageslicht bringt.

Dreißig Redakteure arbeiten für das unabhängige »Organ« der Opposition. Im Redaktionsteam fehlen neben Politkowskaja zwei weitere Kollegen. Der eine hieß Igor Domnikow, für die Enthüllungsstorys zuständig; er stirbt im Treppenflur seines Hauses durch mehrere Hammerschläge auf den Kopf. Domnikows Berichte waren zu nah am Bandenwesen in Zentralrussland. Das zweite Opfer trug den Namen Juri Schtschekotschichin. Er berichtete über Schmuggelgeschäfte, in die Geheimdienstgeneräle verwickelt gewesen sein sollen. Der Journalist stirbt an einer »nicht identifizierbaren chemischen Substanz« und einer allergischen Schockreaktion. Handelt es sich auch in diesem Fall um eine Vergiftung, wie westliche Medien und politische Freunde des Verstorbenen vermuten?

Das dritte Opfer der unabhängigen, oppositionellen Wochenzeitung »Nowaja Gaseta«: Anna Politkowskaja.

Wer hat Anna Politkowskaja ermordet? Waren es Polizisten oder Soldaten aus dem Tschetschenien-Krieg, die Rache an ihr verüben wollten? Waren es Untergrundkämpfer, die aus dem Lager der Tschetschenen ins prorussische Lager übergewechselt sind? Oder handelt es sich um russische Nationalisten, denen daran gelegen ist, Staat und Gesellschaft zu destabilisieren? Wollen nationalistische Kräfte das Putin-Russland unterminieren? Nehmen Angehörige des Geheimdienstes Rache? Ist ein Machtkampf um die Putin-Nachfolge im Gang? Oder streifen Todesschwadronen durch Russland, eine marodierende Bande aus Geheimdienstlern a. D. und ehemaligen Tschetschenien- und Afghanistan-Kämpfern, von Putin längst nicht mehr kontrollierbar? Haben tschetschenische Banden den Mordanschlag verübt, oder waren es korrupte Beamte, die sich von Politkowskaja beobachtet fühlten und den Mord bei Agenten des FSB in Auftrag gegeben haben? Muss die Russen-Mafia zum Täterkreis gerechnet werden, oder haben sich Exilrussen gerächt? Der Reigen der Feinde Politkowskajas war und ist groß. Am Ende lautet die wichtigste Frage: Bleiben die Täter in der Anonymität? Oder werden sie ihrer gerechten Strafe zugeführt sein, wenn dieses Buch erschienen ist oder erst irgendwann später? Oder nie? Es spricht viel dafür, dass die Ermittlungen im Sande verlaufen, denn kaum ein Mord an Journalisten wird aufgedeckt und vor ein ordentliches Gericht gebracht. Wer fragt nach Schuld und Sühne?

Russland befindet sich in der geschichtlichen Phase der »Neuen Revolution«, in einer Epoche der Deindustrialisierung, so der Philosoph Boris Groys. Das Land versinkt im Rausch des Konsumkapitalismus und ist der Verschwendung und Massenkultur anheimgefallen. Der deutsche Philosoph Rüdiger Safranski spricht von einer »Beschleunigungsdiktatur« und einer »Kriminalgeschichte des Kapitalismus«.

Erinnerung

So sind die Rituale der Mediengesellschaft. Der Mordanschlag auf eine Journalistin beherrscht einige Tage lang die Schlagzeilen, dann rücken die Meldungen auf die hinteren Zeitungsseiten, für die elektronischen Medien schon am Tag danach kein »Aufreger« mehr, wie es neuerdings im Branchenjargon heißt. Journalisten sterben bei Mordanschlägen, und die Pressefreiheit stirbt gleich mit.

»Reporter ohne Grenzen« forderte in einer Petition, sofort eine unabhängige Untersuchungskommission auf internationaler Ebene unter dem

Mandat der Vereinten Nationen oder des Europarates einzusetzen. In zwei Stellungnahmen heißt es zusammengefasst:

»Wir alle waren und sind geschockt vom Mord an Anna Politkowskaja, ihre Berichte über den Machtmissbrauch von Putins Behörden und gegen den ›dreckigen Krieg‹ in Tschetschenien haben sie sowohl in Russland als auch im Westen zu einem Symbol des demokratischen Gewissens gemacht … Mit ihrer Ermordung hat in Russland eine neue Ära des Schreckens begonnen … Mit ihrer Ermordung wurde sie auf die brutalste Art und Weise zum Schweigen gebracht. Russlands demokratisches Gewissen wurde getötet … Trotz der scharfen Reaktionen der internationalen Gemeinschaft auf den Mord wissen wir, dass eine Tragödie wie diese viel zu schnell vergessen wird, denn andere schreckliche Ereignisse lösen sie ab. Doch wir dürfen Anna nicht vergessen und fordern Gerechtigkeit für sie.«

Tausende von Menschen unterschreiben diese Petition. Zu den Unterzeichnern gehören prominente ehemalige Dissidenten wie Jelena Bonner, Wladimir Bukowski oder Bronislaw Geremek, die Anklägerin vor dem Internationalen Gerichtshof in Den Haag, Carla Del Ponte, die Politiker Bernard Kouchner und Daniel Cohn-Bendit, die Philosophen André Glucksmann und Bernard-Henri Lévy, die Schriftsteller Fernando Arrabal, Ismaïl Kadaré und Margaret Atwood sowie die Schauspielerin Jeanne Moreau.

Wo bleibt der deutsche Protest?

Auch das Europäische Parlament hat die Ermordung von Anna Politkowskaja als »feiges Verbrechen« verurteilt und hinzugefügt, die Repressalien nähmen in Russland in besorgniserregender Weise zu.

Auf den Tod von Anna Politkowskaja erfolgt nur Betroffenheitsrhetorik in Talkshows und meinungsstarkes Rauschen im deutschen Blätterwald – aber kaum weitere offizielle Reaktionen auf dem internationalen politischen Parkett, von einigen Mahnungen abgesehen. Erst nach dem Tod Litwinenkos bequemt sich die Politik, auch den Tod von Anna Politkowskaja noch einmal zu erwähnen und um Aufklärung zu bitten. Eine öffentliche Lesung aus ihren Werken in der Berliner Akademie der Künste wird veranstaltet, immerhin. Ein paar Gedenkveranstaltungen. Mehr aber nicht.

»Sie war eine besondere Journalistin, die in ihrer Arbeit nicht nur eine Berufung sah, sie betrachtete

ihren Beruf auch als Pflicht, und sie wurde von au-
ßerordentlich hohen moralischen Werten geleitet; sie
war tatsächlich das Gewissen unseres Journalismus,
und deshalb habe ich bei ihrem Begräbnis auch gesagt:
Man hat unser Gewissen erschossen.«

Jasen Jasurski, Fakultät für Journalismus,
Universität Moskau

Wo bleibt der öffentliche Protest der internationalen Organisationen?

Schweigen auf dem innenpolitischen Parkett in
Deutschland! Kommunikationsroutine!

Haben Journalistenorganisationen zu den Ereignissen keinen eigenen Debattenbeitrag zu leisten?

Wo sind die Proteste der Künstler, der Theater-
und Filmemacher? Nur Einzelne melden sich zu
Wort. Die Reaktionen bleiben dürftig.

Verharren wir in einer Betroffenheitspose und
fürchten uns nur vor der Kritik am Energie-
lieferanten Russland?

Hat uns die Zivilcourage in den westlichen Demokratien nun vollends verlassen?

Wo bleiben die Demonstranten und die Reaktionen der Gorbi-Freunde von einst, die darauf hinweisen, dass sich hier ein Mensch, die Mutter
zweier Kinder, um der Wahrheit willen geopfert
hat?

Reicht es, wenn Menschenrechtsorganisationen für uns stellvertretend »Presse-Statements« formulieren, die nicht mehr als Nachrichtenfutter für die internationalen Newsagenturen sind – am nächsten Tag schon vergessen?

Ein Freund des tschetschenischen Volkes, der französische Philosoph André Glucksmann, hat als Einziger praktisch gehandelt und inzwischen einen europäischen Studentenaustausch organisiert: »Die Mörder arbeiten bei Nacht und Nebel und verbrennen die Bibliotheken; es ist an uns, geistige Brücken zu bauen. Die Feinde der Freiheit haben Anna ermordet, aber ihr Kampf um die Wahrheit geht weiter. Zum Beispiel mit den jungen Leuten von ›Studieren ohne Grenzen‹.« In Deutschland hielt sich leider die politische und mediale Aufmerksamkeit gerade so lange, wie Polonium auch in Hamburg als Spur auftauchte und sich die Öffentlichkeit wegen der radioaktiven Kontamination um die Sicherheit im internationalen Reiseverkehr sorgte.

Solche Beobachtungen, Fragestellungen und Einschätzungen haben mich dazu motiviert, das vorliegende Buch herauszugeben, und ich konnte dafür sofort Mitstreiter finden, die, ohne dass es besonderer Überzeugungskraft bedurft hätte, sich bereit erklärten, an diesem Vorhaben mitzuwirken. Dafür danke ich allen Autoren sowie auch dem Verleger Lojze Wieser und den vielen Helfern, die diese Publikation möglich gemacht haben. Besonderer Dank gilt meiner Frau Elisabeth Schreiber für ihre wertvollen Hinweise.

Fritz Pleitgen, Intendant des Westdeutschen Rundfunks und langjähriger Korrespondent der ARD in Moskau, beantwortet die Fragen, warum die Gleichgültigkeit der internationalen Politik kein gutes Zeichen ist, warum sich aus der Bürgerrechtsbewegung der Dissidenten noch keine Zivilgesellschaft entwickelt hat und ob das Werk Politkowskajas positiv nachwirken kann.

Irina Scherbakowa arbeitet als Historikerin, Publizistin und Übersetzerin in Moskau und Berlin. Ende der siebziger Jahre begann sie ihre Sammlung von Tonbandinterviews mit Opfern des Stalinismus, seit 1991 forscht sie in den Archiven des KGB. Sie ist Professorin für Zeitgeschichte an der Moskauer Afanassjew-Universität und gehört der von dem Dissidenten und Bürgerrechtler Andrej Sacharow gegründeten Organisation »Memorial« in Russland an. Aufklärung und Erinnerung an vergangenes Unrecht sind Ausdruck des Stellenwerts von Freiheit und Menschenrechten in einer Gesellschaft, heißt es in den Grundsätzen von »Memorial«. Die Menschenrechtsorganisation ist den Prinzipien von Toleranz und Gewaltlosigkeit verpflichtet und setzt sich für die historische Aufklärung sowie für die Wahrung der Menschenrechte in Russland und in den Ländern der ehemaligen Sowjetunion ein und sucht nach den historischen Spuren und gemeinsamen Erfahrungen einer totalitären Vergangenheit in Russland. Irina Scherbakowa beschreibt die Schwierigkeiten, mit dem Erbe einer Diktatur umzugehen.

MARGARETA MOMMSEN war im Geschwister-Scholl-Institut der Universität München Professorin für Politische Wissenschaft. Sie untersucht die Frage, warum sich nach dem Zusammenbruch des Sowjetsystems in den Entwicklungsphasen unter der Führung der russischen Präsidenten Gorbatschow, Jelzin und Putin ein »Systemhybrid« zwischen einer Demokratie, Oligarchie und Autokratie herausgebildet hat und warum Russland deshalb eine »gelenkte Demokratie ohne Demokraten« bleibt.

ANDREI NEKRASOV ist 1958 geboren, er stammt aus einer Familie von Wissenschaftlern, studierte am Staatlichen Institut für Theater und Film in seiner Heimatstadt Sankt Petersburg. Anschließend nahm er ein Studium der Linguistik und Philosophie an der Universität Paris auf, wo er mit dem »Master« abschloss. Dann studierte er Regie an der Bristol University Film School. Sein erstes Kurzdrama »Springing Lenin« (1993) gewann einen Preis beim Filmfestival von Cannes (Critic's Week Section), und 1997 erhielt sein erster Spielfilm »Love is as strong as Death« den FIPRESCI-Preis beim Filmfestival Mannheim-Heidelberg. Der zweite Spielfilm des Regisseurs, »Ljubov und andere Alpträume« (2001), wurde zweimal beim Sundance-Filmfestival 2002 gezeigt und fand Anerkennung bei vielen Festivals weltweit. 2004 stellte Nekrasov seine berühmte Dokumentation »Disbelief« fertig, die mehrere Auszeichnungen bei internationalen Festivals erhielt. Andrei Nekrasov ist außerdem Dramatiker und Theaterregisseur. Er war mit Alexander Litwinenko befreundet, der in London dem Giftanschlag mit Polonium zum Opfer fiel.

RUPERT NEUDECK ist Gründer und war lange Jahre Vorsitzender der Hilfsorganisation »Notärzte-Komitee Cap Anamur«. Mit einem Schiff nahm er 1979 Flüchtlinge aus Vietnam auf und rettete ihnen das Leben. »Die Zeit« nennt ihn einen »humanitären Quälgeist«, weil er weltweit für Menschenrechte kämpft und als kritischer Journalist über die Krisenregionen dieser Welt in Asien, Afrika und in Europa unter Einsatz seines Lebens berichtet. Der engagierte Journalist gründete in jüngster Zeit das Friedenskorps »Grünhelme«: Junge Christen und Muslime bauen gemeinsam auf, was in Kriegen zerstört wurde. Vorbild ist die »Peace Corps«-Idee von John F. Kennedy. Rupert Neudeck beschäftigt sich in diesem Buch mit den Bedingungen von Pressefreiheit in Russland und in weiteren Kriegs- und Krisenregionen sowie den Gefährdungen, denen die Wahrheit dabei unterliegt.

Der Berliner Journalist HARALD LOCH und NATALIA LIUBLINA, Übersetzerin aus dem Russischen, und auch ich selbst haben Anna Politkowskaja mehrmals getroffen und Gespräche mit ihr geführt. Natalia Liublina porträtiert die Person Politkowskajas aus der Perspektive einer Frau und Russin.

Harald Loch stellt die Bücher der Anna Polit-kowskaja vor. Harald Loch und Natalia Liublina haben die Kontakte zur »Nowaja Gaseta« herge-stellt und es möglich gemacht, dass die letzten journalistischen Arbeiten von Anna Politkows-kaja, die sie vor ihrer Ermordung geschrieben hat, in diesem Buch abgedruckt werden können. So soll dieser Erinnerungsband nicht nur das Leben und Wirken der Anna Politkowskaja, ihr Denken und Handeln beschreiben, es geht in diesem Buch auch um die politischen, wirtschaft-lichen und gesellschaftlichen Rahmenbedingun-gen des heutigen Russland.

Möge es die Erinnerung an eine mutige Journa-listin wachhalten, die als Vorbild für kritischen Journalismus dienen kann und die für drei de-mokratische Tugenden ihr Leben riskiert und verloren hat: Mut, Engagement und Zivilcourage.

»Anders als die Sowjetherrscher haben ihre Nachfolger im Kreml begriffen, dass es nicht notwendig ist, alle kritischen Stimmen zu unterdrücken. Im Gegenteil: Es ist weitaus sinnvoller, wenn man sie zu Wort kommen lässt, aber dafür sorgt, dass nur ein kleiner Teil der Bevölkerung ihre Äußerungen zu hören bekommt und der Großteil ausschließlich der staatlichen Propaganda ausgesetzt ist.«
Boris Reitschuster, »Focus«-Korrespondent in Moskau und Autor des Buches »Putins Demokratur«

Anna Politkowskaja

Tschetschenien
Der Hass wird über die Ufer treten

Die Welt hat Angst vor der unkontrollierten Atomreaktion – ich habe Angst vor dem Hass. Vor unkontrolliertem und ununterbrochen aufgespeichertem Hass. Irgendwie hat sich die Welt gewisse Mechanismen ausgedacht, um die Führer des Iran und von Nordkorea in den Griff zu bekommen, aber keiner kann erraten, welchen Weg persönliche Rache nimmt. Die Welt ist völlig schutzlos davor.

In unserem Land wird jetzt eine unverantwortliche Dummheit begangen – Hunderte Menschen werden gezwungen, Hass auf Vorrat zu speichern. Dadurch wird das künftige Leben aller anderen in etwas völlig Unvorhersehbares verwandelt.

Was wollen wir von den Tschetschenen, die wegen »Terrorismus« verhaftet worden sind? Das sind Hunderte junger Menschen, mit sehr langen Haftstrafen vor sich. In den Gefängnissen werden sie gehasst und mit speziellen Methoden bearbeitet, die nur Mitgefangenen und auch der Obrigkeit einfallen können.

Warum schreibe ich das Wort »Terrorismus« in Anführungszeichen? Ich erkläre es: Wer sind diese Tschetschenen? Die meisten sind ehemalige Studenten. Die sind in den Knast gekommen mit nichts außer drei Kriegen auf dem Buckel: der erste in ihrer frühen Kindheit (Erster Tschetschenischer Krieg), der zweite in ihren frühen Jugendjahren (Zweiter Tschetschenischer Krieg) und der dritte während der Untersuchungshaft. Ich meine Folgendes: Die Studenten-»Terroristen« sind das Produkt der rechtswidrigen Willkür von 2002 bis 2004. Die Rechtsprechung im Nordkaukasus war damals sehr eigenartig: Massenverhaftungen – Studenten in Tschetschenien wurden jeweils in Zehnergruppen »gesäubert«. Danach erlebten diese »Gesäuberten« die zur Alltäglichkeit gewordene Folter. (…) Die, die nichts zugegeben haben, wurden liquidiert. Die »Geständigen«

lassen sie am Leben, sie werden durch notdürftig zusammengeflickte Entscheidungen verurteilt – um die Qualität der Urteile hat sich kein Mensch gekümmert.

Hat er recht? Hat er überhaupt recht bekommen? Ist er schuld? Nein? Nur Gott weiß das – es wurde keine richtige Untersuchung durchgeführt.

Und so ist im Jahr 2005 eine ganze Generation tschetschenischer Studenten zu Haftstrafen von fünfzehn und mehr Jahren verurteilt worden. So beginnt ihr vierter Krieg: der Krieg mit sich selbst oder für sich selbst oder auch gegen sich selbst. (…) Jetzt sind nach den Hinweisen aus dem Knast aus den ehemals unbescholtenen Studenten schon notorische Verbrecher geworden.

Hier eine typische Geschichte: Islam Sushanow, geboren 1984. Ich habe ihn nie gesehen. Jetzt ist es sowieso unmöglich. Die Gefängnisaufsicht Russlands verbietet alle Kontakte mit solchen Typen von Verhafteten. Ich rekonstruiere das Geschehen nur nach den Unterlagen.

1999, vor den Kämpfen, hat Islam die Schule Nr. 38 in Grosny absolviert. Seine Beurteilung durch die Schuldirektorin Salamowa für die Universität beschreibt einen typisch braven Jungen:

»… während der Schulzeit war Islam ein sehr diszplinierter, fleißiger und verantwortungsbewusster Schüler … hat Respekt vor den Lehrern … hat seine Aufgaben ordentlich erfüllt …«

Im Jahr 2000 hat Islam sein Studium im tschetschenischen Pädagogischen Institut aufgenommen – nachdem die Kampfhandlungen aufgehört haben und das Institut wieder Studenten einschrieb. Er studierte an der Fakultät für Bildende Kunst. Und wieder heißt es: »… er hat ein besonderes Interesse am Leben der Fakultät und des Instituts gezeigt … hat aktiv teilgenommen … hat besonderes Interesse an Malerei und Bildhauerei … ist ein Student, der zu großen Hoffnungen berechtigt …«

So schreibt die Dekanin der Kunstfakultät, Suleimanowa. Aber sie schreibt es erst später, als Islam im Bezirk Leninski von der Staatsanwaltschaft »gesäubert« wurde.

Sushanow hat vierzehn Jahre Zuchthaus bekommen. Nach dem ganzen »tschetschenischen Katalog«: »Bandentum«, »Terrorismus« und »illegale bewaffnete Vereinigung«. Seit Dezember 2005 ist er im Bezirk Swerdlowsk, die ersten drei Monate in Nischnij Tagil, die ganze Zeit in Einzelhaft. In den benachbarten Einzelzellen saßen genauso junge Tschetschenen mit ebensolchen Strafen. Seine Mutter Amanta Sushanowa schickt ihm zweimal in der Woche Briefe per Einschreiben. Aber Sushanow bekommt sie nicht. Die Obrigkeit ist nicht zimperlich. Sie sagt: So wird es allen Tschetschenen ergehen, so werden sie ihre ganze Strafe absitzen.

Am 7. März 2006 hat Sushanow einen Suizidversuch unternommen, am 21. Mai den nächsten. Beten verboten! Dafür gibt es Handschellen und Isolationshaft.

»… die Gefängnisverwaltung beurteilt Sushanow sehr negativ.« Das schreibt der zuständige Beamte der Vollzugsaufsicht bei der Staatsanwaltschaft des Bezirks Swerdlowsk, Wassiljew »Er hat zwölf Disziplinarstrafen erhalten. Ich erkenne an, dass diese Strafen nach Recht und Gesetz verhängt wurden.« Sushanow rebelliert weiter – er nimmt an einer gemeinschaftlichen »Sezierung« teil – an einer gegen die Haftbedingungen gerichteten Selbstverstümmelung. Zu denjenigen, die sich »sezieren«, fährt die Beauftragte für Menschenrechte im Bezirk Swerdlowsk, Merslakowa. Sie trifft Sushanow, der lediglich eine Wiederaufnahme seines so unfair ausgegangenen Prozesses erreichen will, der beten dürfen und nicht geschlagen werden will.

Danach schreibt die Merslakowa den Müttern dieser tschetschenischen Häftlinge einen verzweifelten Brief: Sie empfiehlt dringend, auch sie sollten darauf drängen, dass ihre Söhne in andere Gefängnisse verlegt werden, die näher an Tschetschenien liegen. Sie selbst schreibt einen entsprechenden Brief an Kalinin, den Leiter der gesamten russischen Gefängnisverwaltung.

Kalinin lehnt ab. Und Sushanow wird in eine Zone für besonders gefährliche Verbrecher verlegt. Er hat schon eine sehr lange Liste: »neigt zum Ausbrechen«, »neigt zu Geiselnahme« ...

Dieser schüchterne, bescheidene Junge verwandelt sich in einen rebellischen Terroristen, wenn man überhaupt solchen Beurteilungen glauben kann.

Was wollen wir von solchen Sushanows? Von all diesen »Gesäuberten«? Dass sie im Knast verrecken? Weshalb dürfen sie nicht beten? Wollen wir, dass sie heimlich beten? Oder dass sie ihre Gebete vergessen, die sie von Kindheit an gelernt haben? Oder dass sie andere Gebete sprechen? ...

Wenn Sushanow freikommt – das wird im Jahr 2017 sein –, dann ist er 34 Jahre alt. Die anderen aus dieser Generation der »Gesäuberten« verlassen die Gefängnisse ebenfalls zu dieser Zeit und werden dann im Schnitt auch 35 bis 37 Jahre alt sein.

So werden sie vor der Gesellschaft stehen: unverheiratet, kinderlos, ungebildet, ohne Beruf. Aber unter großem innerem Druck: Das Leben ist zerstört, es gibt keine Gerechtigkeit.

»… Im Prinzip sind alle diese Gefängnisse Konzentrationslager für die tschetschenischen Gefangenen«, schreiben die Mütter der Inhaftierten an die Redaktion, »sie werden auf der Ebene ihrer Nationalität, also ethnisch, diskriminiert, werden in Einzel- und Isolationshaft gehalten … die meisten oder fast alle aufgrund von Fehlurteilen und gefälschten ›Beweisen‹ verurteilt … unter diesen brutalen Haftbedingungen haben sie Hass auf alles … wir empfinden das als richtige Ausrottung … eine ganze Armee wird zu uns mit kaputten Schicksalen zurückkommen …«

Sie wissen, was sie schreiben. Nur sie, ihre Mütter, dürfen mit ihnen ein-, zweimal im Jahr sprechen. Es folgen drei Belege für gefälschte Beweismittel und ein gefälschtes »Geständnis«.

Die juristische Qualität der Beweiserhebung und -würdigung ist gleich null. Es scheint, dass nur Islam Sushanow genau weiß, wessen er schuldig ist und wo nicht. Kein anderer!

Ich aber möchte, dass es alle wissen. Ich bin ganz sicher, dass keiner das Recht hat, Recht und Gesetz zu vergewaltigen, unter keinem ideologischen Vorwand. Ich habe vor dem Hass solcher Menschen Angst. Und ich habe Angst vor denjenigen, die auch uns zwingen, Hass aufzustauen. Ich vermute, dass dieser Hass irgendwann einmal über die Ufer tritt.

»Nowaja Gaseta«, 11. September 2006

Harald Loch

Der Tschetschenien-Krieg

In Europa herrscht Krieg, und die bekennende Zivilistin Anna Politkowskaja hat über ihn geschrieben, fast als Einzige. Dieser Krieg ist zwar weit weg – aber er geht uns an, weil Tausende Menschen in ihm umkommen, weil ein kleines Land verwüstet wird, weil die Menschenrechte mit Füßen getreten werden.

Ganz am Rande des Kontinents, ganz im Süden von Russland, an den Nordhängen des Kaukasus, liegt Tschetschenien. Ein Land, so groß wie Thüringen mit etwa einer Million Einwohnern.
Hier kämpft, zum zweiten Mal in den letzten zwölf Jahren, David gegen Goliath. Russland zieht gegen die muslimische Bevölkerung zu Felde, die in ihrer Mehrheit für die Unabhängigkeit ihres Landes aufgestanden ist. Der Konflikt ist nicht neu. Mit vielen Nachbarn gab es Kämpfe, mit den Russen seit hundertsiebzig Jahren. Im Zweiten Weltkrieg wurden auf Stalins Befehl Hunderttausende von Tschetschenen 1944 nach Kasachstan und Kirgisien umgesiedelt, unzählige kamen in der kollektiven Verbannung um, ihre autonome

Republik wurde wegen angeblicher Zusammenarbeit mit den Deutschen aufgelöst, für die es – zwei Jahre nach Stalingrad – keine Beweise gab. Erst 1957 wurde die Bevölkerung während des politischen Tauwetters unter Chruschtschow rehabilitiert und durfte zurückkehren, wurde die autonome Republik wiederhergestellt.

Heute werden – vielleicht ist das nicht ganz nebensächlich – in der Nähe der Hauptstadt Grosny jährlich hundert bis zweihundert Millionen Barrel Erdöl sowie Erdgas gefördert.

Im Zuge der Auflösung der Sowjetunion erklärte sich die Autonome Republik der Tschetschenen und Inguschen am 9. November 1991 einseitig für unabhängig von der neu gebildeten Russischen Föderation. Nach mehreren vom damaligen Präsidenten Jelzin und dem ersten frei gewählten tschetschenisch-inguschischen Präsidenten Dudajew verhängten Ausnahmezuständen wurde durch Gesetz des russischen Obersten Sowjets die bisherige Doppelrepublik in die zwei Autonomen Republiken Tschetschenien und Inguschien geteilt. Es folgten bürgerkriegsartige Auseinandersetzungen zwischen Anhängern und von Russland unterstützten Gegnern Dudajews, und am

11. Dezember 1994 begann die russische Militärintervention mit vierzigtausend Mann Truppenstärke, die im Januar 1995 zur Eroberung von Grosny führte. Die Umsetzung eines Militärabkommens zur Entwaffnung der Tschetschenen und zum Abzug der russischen Truppen wurde immer wieder durch massive Menschenrechtsverletzungen der Besatzer gegenüber der Zivilbevölkerung und durch mehrere Geiselnahmen von Krankenhauspatienten durch die Separatisten verzögert.

Erst Ende 1996 kam es zum Waffenstillstand, und am 5. Januar 1997 war der Rückzug der russischen Truppen abgeschlossen. Die volle Souveränität Tschetscheniens und die Unabhängigkeit von Russland bedeutete das jedoch nicht – sie blieb auf der Agenda der tschetschenischen Politik, des als gemäßigt nationalistisch geltenden Präsidenten Maschadow wie seiner als islamistisch und fundamentalistisch eingestuften Widersacher. Unter deren Druck wurde zunächst Ende Februar 1997 der Islam als Staatsreligion und Anfang 1999 die Scharia als islamisches Recht eingeführt. In Deutschland konnte man das alles in dem vor vier Jahren erschienenen Buch von

Anna Politkowskaja »Tschetschenien. Die Wahrheit über den Krieg« lesen.

Der Druck der Tschetschenen zur Erlangung der Unabhängigkeit stieg. Separatistische Rebellen verübten 1999 mehrere Überfälle auf russische Posten in benachbarten Kaukasusrepubliken. Sie dienten als Vorwand für Präventivschläge der Truppen des russischen Innenministeriums und ab September 1999 auch wieder der Luftstreitkräfte. Mit der im September einsetzenden massiven Bodenoffensive begann der »Zweite Tschetschenien-Krieg«, der bis heute als Guerillakrieg andauert und in dem achtzig- bis neunzigtausend Mann der russischen Streitkräfte ständig eingesetzt sind. Die Verluste der russischen Truppen werden inzwischen auf fünfzehn- bis zwanzigtausend tote Soldaten geschätzt, die der Zivilbevölkerung auf ein Vielfaches.

Dieser Krieg, den die Russen offiziell als »antiterroristische Maßnahme« bezeichnen, die Tschetschenen aber als Befreiungskampf empfinden, hat das Land in mittelalterliche Verhältnisse zurückgebombt. Er ist in einen globalen Kontext eingespannt, der von seiner Grausamkeit ablenkt. Schlagworte wie »Clash of Civilizations« (Kampf der Kulturen), »Kampf gegen den Terrorismus« oder auch die geografische und imperialistische Nähe zum »Zweiten Irak-Krieg«, schließlich die weltweit bedrohte Versorgung mit Öl und Gas haben den Krieg in Tschetschenien in »das mildere Licht der größeren Zusammenhänge« getaucht, haben Russland und seine Präsidenten in der Öffentlichkeit geschont und seine Opfer und die Verheerungen verdeckt, die er in der russischen Gesellschaft anrichtet. In Russland, wie auch bei uns, hat Anna Politkowskaja als eine der wenigen kontinuierlich den Finger auf die Wunde gelegt. Mit ihrem Buch über diesen Krieg erreichte sie erstmals eine größere deutsche Öffentlichkeit. Zwei Jahre später erschien ihr Buch »In Putins Russland«, in welchem sie die Auswirkungen des Krieges in dem Land der »gelenkten Demokratie« aufs Korn nahm, die Zerstörung der Reste von Rechtsstaatlichkeit und Zivilgesellschaft anprangerte und gegen den roten Teppich schrieb, der vor Putin in allen westlichen Demokratien ausgerollt wird.

Natalia Liublina

David gegen Goliath
Anna Stepanowna Politkowskaja – ein Porträt

Ihr schönes russisches Gesicht ist ernst. Sie bewegt und kleidet sich dezent elegant. Sie hebt sich von dem journalistischen Betrieb in der Bundespressekonferenz kultiviert ab. Ihre Mimik ist nachdrücklich, ihre Sprache ist deutlich, die einer Intellektuellen, die sich verständlich machen kann: Anna Politkowskaja ist die Kriegsberichterstatterin, die Reportagen aus Tschetschenien für die kleine oppositionelle Moskauer Zeitung »Nowaja Gaseta« schreibt.

Anna Politkowskaja ist Mitte vierzig, hat zwei Kinder. Aber sie schont sich nicht. Sie resigniert nicht vor der menschlichen Unvernunft, täglich nimmt sie ihren Mut wieder zusammen und stellt sich neu der selbst auferlegten Pflicht, für den Frieden in Tschetschenien zu schreiben.

Hier kämpft David gegen Goliath. Russland zieht gegen die muslimische Bevölkerung zu Felde, die in ihrer Mehrheit für die Unabhängigkeit ihres Landes aufgestanden ist. Die Journalistin aus Moskau benennt auch die Auswirkungen in Russland selbst, die Aushebelung der ohnehin gefährdeten Pressefreiheit, die Zerstörung der Ansätze von Rechtsstaatlichkeit, das Anfachen rassistischer Ausschreitungen gegen Tschetschenen, alles Kaukasische und die Diskreditierung jeglicher Zivilgesellschaft.

Über ihr bei DuMont erschienenes Buch »Tschetschenien. Die Wahrheit über den Krieg« sagt sie im Gespräch: »Und niemand soll wagen zu behaupten, ich hätte das nicht alles gesehen, gehört und gespürt. Denn ich habe es am eigenen Leib erlebt.« Bescheiden stellt sie den deutschen Titel (»Die Wahrheit …«) in Frage. »Jeder hat doch seine eigene Wahrheit.« Aber ihre Wahrheit ist uneigennützig und den Menschen verpflichtet. Sie ist vielleicht die einzige »Kriegsberichterstatterin«, die nicht über militärische, allenfalls über zivile Heldentaten im Krieg schreibt. Der ist ja längst keine reine Männersache mehr.

Anna Politkowskaja lebt ständig in Gefahr. Die Zahl ihrer Feinde in Moskau reicht bis in die höchsten Etagen. Sie erwirbt mit ihrer Kritik kein Vermögen; ob ihre Zeitung durchhält, weiß sie nicht. Aber sie schaltet sich auch politisch immer wieder in den kaum begonnenen Prozess einer Friedensfindung ein. Sie ist dabei hartnäckig, unbestechlich, gleichwohl diplomatisch, nicht utopisch. In ihr verbinden sich Intelligenz und Charakter, journalistisches Ethos und menschliches Mitempfinden. In aller Welt sind Kriegsberichterstatter Männer – die sind aus anderem Holz geschnitzt und haben nur selten den Frieden im Visier gehabt. Anna Politkowskaja schreibt für die Abschaffung ihres eigenen Beobachtungsfeldes, des Krieges in Tschetschenien. (2003)

»Also blende ich diese Gedanken einfach aus …«

Interview mit Anna Politkowskaja auf der Leipziger Buchmesse 2005

Was erwarten Sie in Bezug auf Ihre eigene Person, auch Sie sind ja gefährdet, auch Sie haben Morddrohungen, auch Sie müssen ständig mit einer Gegenwehr des russischen Staates rechnen?

Na ja, ich versuche nicht daran zu denken, weil ich ansonsten nicht arbeiten könnte, es wäre unmöglich. Also blende ich diese Gedanken aus und sage, dass ich einfach das Schicksal derjenigen teile, die dafür kämpfen, dass demokratische Prinzipien in Russland endlich installiert werden und das Leben ein demokratisches wird, wobei es möglich ist, dass dieser Kampf nicht gut ausgeht. Aber das ist dann einfach so.

Sie kritisieren die Zwillingsbruderschaft von Putin und Kanzler Schröder. Was würden Sie vom deutschen Bundeskanzler erwarten – dahin richtet sich ja Ihre Kritik?

Im Prinzip erwarte ich nur eins: Putin ist ein Mensch, der im Grunde nur auf Kritik von außen reagiert, und zwar auf Kritik von Menschen vom

Schlage eines Bundeskanzlers Schröder, also nicht einfach auf Kritik von Menschen auf der Straße, sondern von Menschen, die er ernst nimmt und die er für seinesgleichen hält. Wenn Sie so fragen, was ich von Schröder erwarte, dann erwarte ich eigentlich nur, dass er von Zeit zu Zeit doch mal Kritik anbringt und Putin kritisiert.

Und diese Erwartungen haben Sie auch an den Deutschen Bundestag, an die Parlamentarier?
Ja, ich würde das Gleiche auch von Vertretern des Deutschen Bundestags erwarten, und zwar weil Folgendes der Fall ist: Sehr, sehr oft kommen Mitglieder des Deutschen Bundestags in die Redaktion der Zeitung, zur »Nowaja Gaseta«, zu uns, auf eigenen Wunsch, sie melden sich an, sie möchten mit uns ein Gespräch haben. Wir nehmen uns die Zeit, setzen uns hin, führen stundenlange Gespräche mit ihnen, erklären ihnen Russland von A bis Z, von vorne bis hinten, und was ist das Resultat? Es passiert nichts, rein gar nichts. Und sobald es um konkrete Fragen geht, sobald man anfängt zu fragen, könnten Sie irgendwie dazu beitragen, dass es Verhandlungen gibt oder dass es zu einem Treffen mit den Soldatenmüttern und Vertretern des tschetschenischen Wider-

stands kommt, fällt automatisch eine ablehnende Antwort.

Wie ist im Augenblick die Lage in Tschetschenien?
Die Situation in Tschetschenien hat sich entscheidend geändert seit dem 8. März, seit dem Tod Maschadows, des legitimen Präsidenten der tschetschenischen Republik Itschkeria, was einfach heißt, dass der gemäßigte Flügel, der zu Verhandlungen bereit war, so gut wie keine Vertreter mehr hat. Wo jetzt ganz eindeutig die Radikalen die Oberhand gewinnen werden. Das heißt einfach, wir haben nächste Terroranschläge zu erwarten.

Sie sprechen von einer politischen Lösung, von einem aktiven Friedensprozess. Können Sie kurz skizzieren, was Sie konkret damit meinen: Welche Forderungen erheben Sie? Welche Entwicklungen müssten eingeleitet werden, damit es zu einer solchen aktiven Friedenslösung kommt?
Es ist im Prinzip sinnlos, jetzt darüber nachzudenken oder überhaupt von einem Friedensprozess zu sprechen, weil sich seit dem 8. März alles geändert hat und die Voraussetzungen nicht mehr gegeben sind. Man muss ganz anders und ganz neu ansetzen. Ich habe nach den Ereignissen

in Beslan Putin meinen Ansatz geschickt. Der Plan basierte darauf, dass es Präsident Maschadow gibt. Weil Maschadow einfach umgebracht wurde, kann man wieder bei null anfangen und nach einer neuen Lösung suchen. Aber die habe ich jetzt nicht und kann deshalb auf diese Frage nicht antworten.

Das Gespräch führte Norbert Schreiben auf der Leipziger Buchmesse 2005

*»Sie verdummen die Bevölkerung, denn die erfährt nicht,
was in Wirklichkeit passiert im Land.«*
Wladimir Posner, Talkmaster und Präsident der
russischen Fernsehakademie

Irina Scherbakowa

Russlands Gedächtnis
Vergangenheitsbewältigung als Beitrag zur Zivilgesellschaft

Es scheint in Russland eine neue Epoche an-
gebrochen zu sein, in der die Frage, in welcher
Gestalt die junge Generation die Vergangenheit
wahrnimmt, wieder zu einem wichtigen Teil der
staatlichen Ideologie wird. Leider entfernt sich
diese Gestalt allerdings immer weiter von den
demokratischen und liberalen Ideen, mit denen
die Perestroika begonnen hat. Die heutigen Machthaber neigen ganz offensichtlich immer mehr zu
jener Formel des Präsidenten, die dieser aus der
Breschnjew-Zeit übernommen hat und die da
lautet: Es gab in unserer Geschichte viel Tra-
gisches, aber auch sehr viel Positives.
Daraus versuchen die heutigen Machthaber einen
neuen Mythos von der Einheit zu entwerfen. Das
heißt, man bietet den Menschen einen nationalen

Mythos an. Und zwar mit Hilfe der zaristischen Fahne, des Moskauer Wappens, der sowjetischen Hymne, der roten Flagge für die Armee, und genau so kann man – nach Ansicht der heutigen Machthaber – in gewisser Weise eine neue russische Identität schaffen.

Man unterstellt heute also, dass wir unbedingt Mythen brauchen, vor allem wenn wir unsere Kinder zu Staatsbürgern erziehen wollen. Und man erklärt uns, dass die Aufgabe der Historiker darin besteht, zu erklären, dass unsere Vergangenheit nicht schlechter ist als die anderer und dass wir auf diese Weise *normale Staatsbürger* heran erziehen können. Die Heuchelei dieser ideologischen Formel besteht darin, dass sich die Einstellung zur sowjetischen Geschichte offensichtlich weg vom kritischen Blick ins Positive und hin zum Stolz auf ebendiese verschoben hat. Wir sehen, wie Schulbücher mit kritischen Bewertungen verboten werden, vor allem wenn diese die neue russische Geschichte beleuchten, wie die Archive wieder dicht machen gegenüber den Historikern, wie wieder, so wie in den siebziger Jahren, die Jahrestage der Geheimdienste gefeiert werden. Und immer noch findet man keine staatlichen

Museen, die von der Geschichte der Repressionen oder der Kollektivierung Zeugnis geben.

Alle Ergebnisse von Meinungsumfragen, die in den letzten Jahren in Russland durchgeführt wurden, zeugen von einer stetig wachsenden Popularität Stalins im Vergleich zu anderen Figuren der russischen Geschichte. Besonders deutlich zeigte sich das 2005 im Zusammenhang mit den Feierlichkeiten anlässlich des sechzigsten Jahrestages des Sieges im Großen Vaterländischen Krieg. Stalin-Denkmäler schossen an den verschiedensten Orten buchstäblich wie Pilze aus dem Boden; in vielen Städten, einschließlich Moskau und Sankt Petersburg, wurden Kampagnen ins Leben gerufen mit dem Ziel, Geld für solche Denkmäler zu sammeln. Die öffentlichen Kämpfe, die darum ausgefochten wurden, zeigen einerseits, dass alles in Vergessenheit geraten ist und verdrängt wird, was mit einem entscheidenden Aspekt des Stalinismus in Verbindung steht, nämlich den politischen Repressionen, die in verschiedenen Zeitabschnitten praktisch alle Schichten der russischen Bevölkerung betrafen. Und dies, obwohl in den vergangenen fünfzehn Jahren Hunderte von Forschungsarbeiten, Tausende Artikel und unzählige Sammelbände mit Dokumenten aus den halb geöffneten sowjetischen Geheimarchiven erschienen sind.

Laut Meinungsumfragen hält jeder fünfte Einwohner Stalin für einen weisen Führer und Staatslenker, und ein Drittel der Befragten gibt an, nicht die ganze Wahrheit über ihn zu kennen.

Es ist offensichtlich, dass heute ein intensiver Prozess der Mythologisierung der sowjetischen Vergangenheit – und damit auch der Stalin-Zeit – und eines politischen Liebäugelns mit der Figur Stalin vonstattengeht. Und all das geschieht bei wachsendem alltäglichem Nationalismus und Chauvinismus.

Vor diesem Hintergrund klingen die Aufrufe der Erwachsenen an die Jugendlichen, tolerant zu sein, zumindest zynisch. Darüber hinaus werden unsere Kinder heute nicht nur zu Zeugen, sondern auch zu Teilnehmern am Prozess einer neuen Instrumentalisierung der Geschichte, in dem sogar solche Figuren wie Stalin als Symbol der Stärke Russlands angesehen werden.

Niemand wundert sich mehr darüber, dass viele Namen und Themen vollständig aus allen Programmen und Kanälen der Massenmedien verschwunden sind. Deshalb herrschen in den russi-

schen Medien – sieht man von einigen wenigen
Zeitungen mit kleiner Auflage und einem Radiosender ab – Zynismus und Gleichgültigkeit, die
an die Breschnew-Zeit erinnern. Doch die heutigen »bleiernen Zeiten« unterscheiden sich von
den früheren durch einen noch viel größeren
Zynismus und auch dadurch, dass sich viele in
ihnen sehr wohl fühlen. Wenn man vor einigen
Jahren noch von Vergangenheitsnostalgie sprechen konnte, so wendet man sich diesen Zeiten
heute vor allem auf der Suche nach »Bausteinen«
zu, mit deren Hilfe die alten Mythen auf ein neues
Fundament gestellt werden sollen. Und all diese
Mythologie bricht mit Macht über die Jugend
herein.

Seit sieben Jahren gibt es den von der internationalen Gesellschaft »Memorial«[2] durchgeführ-

---

[2] Die Menschenrechtsorganisation »Memorial« wurde 1988
gegründet. Ihr erster Vorsitzender war der Friedensnobel-
preisträger Andrej Sacharow. »Memorial« setzt sich für die
wissenschaftliche Aufarbeitung des Stalinismus auf dem
Gebiet der ehemaligen UdSSR ein. Weitere Forschungs-
schwerpunkte des Menschenrechtszentrums sind die Geschichte des Gulag und das Schicksal der Zwangsarbeiter
in Deutschland während des Zweiten Weltkriegs. »Memorial« unterhält ein Informationszentrum mit einem
Museum, einem Archiv und einer Bibliothek; regelmäßig

ten Wettbewerb mit dem Titel »Der Mensch in der Geschichte. Russland im XX. Jahrhundert«. Die Idee, einen historischen Wettbewerb unter den älteren Schülern durchzuführen, existierte schon ziemlich lange. Einen ähnlichen Wettbewerb führt die Körber-Stiftung seit vielen Jahren in der Bundesrepublik Deutschland durch, inzwischen läuft ein solcher auch in Polen. Die Erfahrungen von Deutschen und Polen erschienen uns deshalb so interessant, weil sich die dortigen Erfinder des Wettbewerbs die Aufgabe gestellt hatten, die auch für uns die wichtigste ist: junge Leute dazu zu bringen, sich mit dem Alltag in einer totalitären und posttotalitären Gesellschaft auseinanderzusetzen. Auch wir waren der Meinung, dass es das Ziel unseres Wettbewerbs sein muss, unsere älteren Schüler dazu zu bringen, sich mit der Geschichte des sowjetischen Alltags zu beschäftigen, die mit dem Abgang der Augenzeugen

erscheinen Zeitschriften und Bulletins zur aktuellen Arbeit der Organisation. »Memorial« sammelt Material zu Menschenrechtsverletzungen im Lande, zur Lage von Flüchtlingen und leistet Rechtshilfe für diese Personengruppe sowie auch soziale Hilfe für die Opfer politischer Unterdrückung. Kontakt: Memorial, 103051 Moskau, Russland, Malyj Karetnyj pereulok 12; E-Mail: nipc@memo.ru; Internet: http://www.memo.ru.

verschwindet. Es war uns klar, dass die jungen Leute in den russischen Regionen in einem unglaublich widersprüchlichen historischen Umfeld lebten.

Zum einen verwandelten sich die Buchstaben UdSSR nach und nach tatsächlich in eine Abkürzung, die für die heute Fünfzehn- bis Zwanzigjährigen keine reale Bedeutung mehr haben, und auf der anderen Seite trat das Bewusstsein, sowjetisch zu sein, in unserem gesamten Leben nicht nur überall hervor, es formt auch nach wie vor das Gesellschaftliche, und das ist eine ständige Quelle für das Wiedererstehen alter Mythen und die Schaffung neuer.

Wir stellten uns vor, dass die Schüler sich mit der Geschichte der Sowjetunion dann zurechtfinden würden, wenn sie beginnen, selbst Augenzeugen zu befragen, in den Archiven zu wühlen, alte Zeitungen zu lesen, wenn sie durch das Niederschreiben ihrer Wettbewerbsarbeit bis zu einem gewissen Grad eine selbständige Forschungsarbeit machen konnten.

Darüber hinaus sieht »Memorial« nicht nur die Bewahrung des historischen Gedächtnisses als ihre wichtigste Aufgabe an (und auch nicht nur die Erinnerung an die Unterdrückung und die

Menschenrechtsverletzungen), sondern vor allem die Entwicklung eines historischen Bewusstseins bei den Jungen. Ernsthaft kann man ja über die Entwicklung eines solchen Bewusstseins nur dann sprechen, wenn diese nicht von außen veranlasst wird, wenn sich der junge Mensch auf eine direkte Konfrontation mit den Fakten einlässt und versucht, Antworten auf seine eigenen Fragen zu finden. Der Wettbewerb gibt den jungen Menschen genau diese Möglichkeit. Sie suchen selbst ihr Thema aus, sammeln Fakten und bringen diese dann in ein System. Genau so entsteht ein Gefühl für das, was Geschichte ist und wie man in sie verstrickt ist. So sieht man sich selbst als Teil der Geschichte der eigenen Familie, der eigenen Stadt, des eigenen Landes.

Die Wettbewerbsteilnehmer haben einzigartige Dokumente zusammengetragen, die wie durch ein Wunder in den Familien erhalten geblieben sind. Sie haben Tausende Seiten von lebendigen Erinnerungen ehemaliger Kulaken und deren Familienmitglieder aufgezeichnet, von Häftlingen und Verbannten, von Soldaten des Großen Vaterländischen Krieges, des Afghanistan- und des Tschetschenien-Krieges und von vielen anderen

Augenzeugen und Teilnehmern an historischen Ereignissen.

Natürlich geht es bei dem Wettbewerb in erster Linie darum, bei den Halbwüchsigen das Interesse an Geschichte zu wecken. Aber dieses enorme aufklärerische Projekt von »Memorial« hat auch noch eine andere Seite: Wir können mit Hilfe des Wettbewerbs herausfinden, was unsere Schüler über dieses oder jenes historische Ereignis denken.

Die Arbeiten der Teilnehmer stellen ein unbezahlbares Material für die Erforschung der regionalen Erinnerung dar – denn jede russische Region hat ja ihre ganz eigenen schmerzhaften Erfahrungen und ihre eigene Erinnerungskultur.

Indem wir unsere Wettbewerbsteilnehmer aufforderten, sich mit ihrer Familiengeschichte auseinanderzusetzen, stellten wir ihnen auch die Aufgabe, die zerrissenen Bänder zwischen den Generationen wieder zu knüpfen, sodass sie bei der Erforschung ihrer familiären Wurzeln nicht nur sahen, unter welchen Umständen ihre Nächsten gelebt hatten, die man gegen ihren Willen aus ihrer gewohnten Umgebung gerissen hatte und die sich häufig unter schwierigsten Bedingungen und mitten unter Fremden wiederfanden, sondern diese Situation in irgendeiner Art auch auf die projizierten, die sich im heutigen Russland in ähnlicher Lage befinden: Flüchtlinge, Zwangsumgesiedelte aus Tschetschenien oder Aserbaidschan oder aus den Republiken Zentralasiens.

Es ist für einen russischen Schüler, der auf den Ruinen des sowjetischen Imperiums lebt, heute gar nicht so leicht, tolerant zu sein. Wir glaubten jedoch, dass sie ebendiese Toleranz gegenüber Fremden und Ausländern, dieses Gegengift gegen den Chauvinismus (eines der größten Probleme und die wohl größte Gefahr für die heutige russische Jugend), gerade dadurch erhalten können, dass sie die Geschichte am Beispiel ihrer eigenen Familie erforschen.

Das Entscheidende, was in den Arbeiten unserer Wettbewerbsteilnehmer zutage trat, war das verstärkte Interesse am »Menschen in der Geschichte« – und das war ja auch die Hauptaufgabe unseres Wettbewerbs, die so wichtig für das heutige Russland ist. So entsteht in den Arbeiten das Bild jener, die nicht mehr da sind und die keine Erinnerungen zurücklassen konnten, jener, die nichts über sich selbst erzählten, jener, die nur als tro-

ckene statistische Zahlen an der Geschichte »teilgenommen« haben.

Ja, viele unserer Wettbewerbsteilnehmer haben
uns ihren Standpunkt dargelegt, ihre Beziehung
zur sowjetischen Geschichte, und haben uns die
Frage gestellt: Warum sind Ihrer Ansicht nach
völlig sinnlose Dinge getan worden? Warum hat
man fast die ganze riesige Familie des Urgroß-
vaters zwangsumgesiedelt und ermordet und seine
gut gehende Landwirtschaft zerstört, warum hat
man Hunderttausende Russlanddeutsche depor-
tiert, warum hat man die Mescheten zwangsumgesiedelt, warum hat man Tausende Menschen
direkt aus der deutschen Gefangenschaft in den
Gulag geschickt?

Man wirft uns manchmal vor, dass wir unsere
Schüler mit diesem Wettbewerb dazu anstiften,
nur die schwarzen Seiten unserer Geschichte zu
untersuchen. Ja, Russlands Vergangenheit stellt
sich ihnen manchmal als sehr schwer, fast uner-
träglich dar: Entkulakisierung, Hunger, der Krieg
... Die Schüler wenden sich aber nicht angeekelt
ab, im Gegenteil: Indem sie sich mit dieser Vergangenheit auseinandersetzen, wollen sie verstehen,
wie ihre Nächsten gelebt und überlebt haben.

Die Erinnerung ist eine schwierige und widersprüchliche Quelle, in der sich Mythen mit Fakten mischen. Und natürlich begegnen wir in vielen Arbeiten Mythen: sehr alten Mythen und ziemlich neuen, ganz eingefahrenen Mythen und gerade erst neu entstandenen.

Ein sehr wichtiges Element aber ist das Trachten unserer Wettbewerbsteilnehmer danach, diese Mythen nicht nur aufzuzeichnen und weiterzuvermitteln, sondern auch zu verstehen, wie genau sie entstehen, sowohl auf staatlicher als auch auf alltäglich familiärer Ebene. Unter den eingesandten Arbeiten (vielleicht sind es nicht so besonders viele, aber gerade deshalb sind sie für uns außerordentlich wertvoll) gibt es immer wieder auch solche, in denen die Autoren sich nicht darauf beschränken, »weiße Flecken abzudecken«, wie das in diesen Jahren schon zur Tradition geworden ist, sondern versuchen, den Mechanismus der Mythenbildung zu begreifen. Über solche Arbeiten, die mit historischer und menschlicher Ehrlichkeit geschrieben werden, freuen wir uns sehr.

Wir hätten nie zu hoffen gewagt, in diesem Chor irgendwann einmal auch die Stimmen tschetschenischer Jugendlicher zu hören. Natürlich war der Krieg in Tschetschenien in der einen oder anderen Arbeit russischer Wettbewerbsteilnehmer gegenwärtig, wie er eben in unserem Leben gegenwärtig ist; dies aber eher als Echo, das er in der russischen Gesellschaft auslöst: vor allem in den Erzählungen über das Schicksal der Väter oder Brüder, die physisch und psychisch durch ihre Teilnahme an diesem Krieg traumatisiert wurden. Es erschien uns wichtig, den Nordkaukasus in unser historisches »Gespräch« mit einzubeziehen und vor allem auch die tschetschenischen Schüler, um wenigstens bis zu einem gewissen Grad verstehen zu lernen, was sie über ihre Geschichte denken. Im Jahr 2004 unternahmen wir besondere Anstrengungen, damit die Schüler und Lehrer in Tschetschenien von unserem Wettbewerb erfuhren.

Trotzdem war es schwierig, sich vorzustellen, dass man in Tschetschenien Halbwüchsige finden könnte, die ihre Arbeiten zu einem Wettbewerb mit dem Titel »Der Mensch in der Geschichte. Russland im XX. Jahrhundert« nach Moskau schicken wollten. Eine der Teilnehmerinnen versuchte das Problem in einem Brief an uns vorsichtig zu umschreiben: »Ich bin Tschetschenin – möglicherweise ist das für einen allrussischen Wettbewerb nicht gerade die beste Nationalität.« Wir forderten sie auf, historische Arbeiten zu schreiben, wobei uns bewusst war, wie schwierig das sein musste: ohne Museen, Bibliotheken, Archive. Ob es wohl vielen tschetschenischen Familien gelungen war, irgendwelche Familiendokumente aufzubewahren? Aber von welchen Familienarchiven kann denn hier die Rede sein, wenn viele nicht einmal die primitivsten Voraussetzungen für ein normales Leben und Lernen besitzen? Erstaunlicherweise wurden trotz all dieser Schwierigkeiten 155 Arbeiten aus Tschetschenien zum Wettbewerb in den Jahren 2003 und 2004 eingereicht. Natürlich unterscheiden sich die Aufsätze der tschetschenischen Schüler von den Arbeiten ihrer Altersgenossen aus Russland. Der wichtigste Unterschied liegt aber nicht im Grad der Wissenschaftlichkeit oder der Fähigkeit, Archivmaterial zu benutzen, sondern darin, dass in diesen Arbeiten nicht über irgendeinen Fremden berichtet wird, sondern meistens über die eigene Vergangenheit, darüber, was die jungen Autorinnen und Autoren selbst durchgemacht haben.

Zwei Kriege, vor deren Hintergrund der Großteil des Lebens unserer vierzehn- bis siebzehn-
jährigen Wettbewerbsteilnehmer stattfand, machten aus ihnen wichtige Zeitzeugen. Und ihre –
wenn auch kurze – Erinnerung betrachten sie
selbst bereits als Teil des nationalen Gedächtnisses.

Worüber schreiben also die jungen Autorinnen und
Autoren aus Grosny und anderen Orten mit traurig
berühmten Namen wie Samaschki, Gudermes,
Argun, Schali …?

Die Bilder, die sich ihnen am tiefsten ins Gedächtnis eingegraben haben und die sie uns vermitteln wollen, hängen alle auf die eine oder
andere Weise mit dem Krieg zusammen: wie sie
durch die sogenannten »Korridore« flüchteten,
wie sie in eine Schießerei gerieten, wie sie tage-
und manchmal auch wochenlang in den Kellern
saßen, wieder zurückkehrten in das halb zerstörte
Haus und wieder flüchten mussten.

Der Krieg ist für sie zwar das wichtigste Thema,
aber es gibt keinen Versuch, sich selbst oder den
anderen zu erklären, warum der erste und dann
der zweite Krieg begannen. Ein Motiv wiederholt sich ständig: Wir lebten friedlich, und dann

überfiel man uns plötzlich. Es ist aber nicht weiter verwunderlich, dass die Halbwüchsigen keine Erklärung finden; die Erwachsenen können ihnen ja auch nichts erklären.

Wie die Erwachsenen auch versuchen, sich selbst und andere zu belügen – die Halbwüchsigen spüren die Lüge und die Hilflosigkeit jener, die sie nicht schützen, nicht verteidigen können. Die Flüche an die Adresse des Krieges richten sich eigentlich gegen die Erwachsenen.

Die Welt der Halbwüchsigen in Tschetschenien ist unglaublich klein – alles dreht sich um den Stamm, die Familie, die verwandtschaftlichen Beziehungen, denn nur die bieten etwas Schutz. Und obwohl auch viel darüber geschrieben worden ist, wie der Krieg die Stammes- und Familienstrukturen zerstört hat, beziehen sich die Autoren unserer Arbeiten ständig noch auf die Geschichte des Stammes; und wie mythologisch dieses Stammesgedächtnis auch sein mag, so ist es doch ein unbestrittenes Mittel, die eigene Identität zu bewahren. Das Stammesgedächtnis und die Liebeserklärungen an die Heimat im Verbund mit den Schwüren ewiger Treue zu dieser Heimat – davon sind die Arbeiten voll. Doch das Pathos, das uns manchmal etwas sehr theatralisch erscheint, ist für diese Halbwüchsigen ganz natürlich.

In den vielen Familiengeschichten, die uns hier erzählt werden – und die tschetschenischen Geschichten sind eben vor allem Familiengeschichten (und das nicht nur, weil es keine anderen Quellen, keine anderen Archive gibt) –, ist der entscheidende Angelpunkt die Stalin'sche Deportation im Jahr 1944.

Die Erinnerungen ihrer Großväter und Großmütter, die in der Kindheit ja auch eine Katastrophe, den Albtraum der Deportation von 1944, überlebten, scheinen vor dem Hintergrund ihrer eigenen realen Eindrücke besonders wichtig zu sein. Häufig wird vom Albtraum der Deportation während des Albtraums der Bombardements, im Keller, erzählt. Die Bedeutung dieser grausamen Erfahrungen ist heute unglaublich groß: Großvater und Großmutter haben damals überlebt, also werden wir heute auch überleben.

Es ist nicht immer leicht, diese Aufsätze zu lesen. Manchmal sind sie etwas eintönig, wie ein Epos oder eine Erzählung eintönig sein können, in denen sich ewig und in verschiedenen Formen immer das Gleiche wiederholt: der Februar 1944, der Januar 1995, der Herbst 1999 usw.

Was bedeutet die Deportation des tschetschenischen Volkes im russischen Gedächtnis? Im
besten Falle ist sie eine weitere tragische Episo-
de in der Epoche des Stalinismus. Doch tatsächlich vergeht die Zeit für jedes Volk und in jedem
historischen Zusammenhang mit anderer Ge-
schwindigkeit: manchmal ganz langsam und
manchmal ganz schnell. So ist es mit der eigenen
Geschichte, der eigenen Sprache und der eigenen
Zeit. Russland hat schon längst vergessen, wie es
den Kaukasus eroberte, weil das doch so lange
her ist, dass es schon gar nicht mehr wahr sein
kann. Das Gleiche gilt für die Deportation. Die
war doch vor so langer Zeit, und dann sind sie ja
doch zurückgekommen, und irgendwie hat man
sich ja auch entschuldigt, was hat das denn mit
heute zu tun? Aber sogar in unseren Schulauf-
sätzen ist deutlich zu sehen, dass die Zeitrechnung der Tschetschenen eine ganz andere ist.
Und das sieht so aus: Gestern haben sie uns de-
portiert, heute früh haben sie uns erlaubt zurück-
zukehren (sie haben uns nicht zurückgebracht, sie
haben die Rückkehr nur erlaubt!), bei Tag haben
sie dann begonnen, uns zu bombardieren. Solange
wir aber diesen Unterschied in der historischen

Zeitrechnung nicht verstehen, sind die Perspektiven einer gemeinsamen Zukunft keine guten. Mit Hilfe der Peitsche kann man die Zeiger der historischen tschetschenischen Uhr jedenfalls nicht verstellen.

Das Unverständnis für diesen Unterschied in der historischen Zeitrechnung hat sehr schwere und fast nicht wiedergutzumachende Folgen, die letzten Endes zu der jetzigen Situation in Tschetschenien führen. Wir haben nicht verstanden und nicht akzeptiert, dass das Gedächtnis eine nicht ausgekühlte Lava ist. Diese Schulaufsätze sind ein deutliches Beispiel dafür.

Viele von denen, die uns ihre Arbeiten geschickt haben, bemühen sich sehr darum, der russischen Seite gegenüber objektiv zu sein, wie schwer ihnen das auch fallen mag. Sie erzählen von Menschen, die in ihren Augen die Hoffnung auf Aussöhnung und Verständnis personifizieren. Es ist auch klar, dass diejenigen mit uns »sprechen«, die besonders friedlich eingestellt sind, die die Ausweglosigkeit eines solchen Krieges und einer solchen Konfrontation erkennen.

In der Brockhaus-Enzyklopädie, die vor genau hundert Jahren erschienen ist, heißt es in der

Tschetschenien gewidmeten Passage: »Die Tschetschenen schlagen ihre Kinder nie. Nicht aus besonderer Sentimentalität, sondern aus Angst, sie zu Feiglingen zu machen.« Für uns aber geht es heute natürlich nicht um Feigheit. Sie schlagen die Kinder nicht – also haben sie sie jahrhundertelang mit dem Gefühl der eigenen Würde erzogen. Und dieses Gefühl findet sich in vielen Arbeiten wieder.

Die wichtigste Schlussfolgerung, die wir aus diesem Projekt ziehen können, lautet: Der Prozess der Erforschung und des Verstehens und kritischen Beurteilens der eigenen Vergangenheit kann nie als abgeschlossen angesehen werden. Er beginnt von neuem, sobald die nächste Generation heranwächst, und nur ein ehrlicher Dialog mit der Jugend kann als Garantie dafür gelten, dass unsere Vergangenheit nicht zu unserer Zukunft wird.

Anna Politkowskaja

»Ungenehmigte Trauer«
Die Macht und das Naive

Auf dem Tisch des Moskauer Polizeireviers Kitai-Gorod, es ist das Revier am Roten Platz im Zentrum Moskaus, liegen Gegenstände der Trauer im Gedenken an Beslan.

Herbstastern, Kerzen, selbst hergestellte Plakate. Schwarz auf weiß steht auf ihnen: »Ruhet in Frieden, ihr Seelen der von den Banditen und anderen Getöteten«. Die Plakate sind zerstört, die Blumen zerfetzt, die Kerzen zertreten. Unter anderem liegt unsere Zeitung auf dem Tisch, genauer gesagt, ihre zerknitterte Nummer 65, in der der inzwischen schon bekannte Bericht des Duma-Abgeordneten Juri Saweljew steht. Heute ist der 3. September, und dieser Polizeitisch ist ein Tisch für die Beweisstücke.

Die Vorgeschichte dieser Beweisstücke ist folgende: Am vergangenen Sonntag, als alle normale Menschen der vor zwei Jahren getöteten Geiseln gedacht haben, führten die Ordnungskräfte der Hauptstadt den Moskauern vor, wie man seine Trauer »richtig« ausdrückt und was man über

Beslan zu denken hat und was nicht. Das heißt: Alle diejenigen, die sich auf den dafür vorbestimmten Plätzen aufgestellt hatten, haben Blumen an den vorgesehenen Stellen niedergelegt und sind dann ruhig nach Hause gegangen. Diejenigen, die sich an selbst gewählten Orten versammelt hatten, wurden von den Bereitschaftspolizisten auseinandergejagt, festgenommen und werden vor Gericht gestellt.

Das sind die Moskauer Menschenrechtler, die die Behörden benachrichtigt hatten, dass sie sich um 13.05 Uhr (der Zeitpunkt, zu dem der Sturm in Beslan am 3. September 2004 begonnen hatte) am Solowetzkij-Stein auf dem Lubjanka-Platz in Moskau versammeln wollten – das ist der traditionelle Ort für solche Trauerkundgebungen. Sie wollten Kerzen anzünden, zusammen schweigend gedenken und am Stein ihre Blumen niederlegen.

Als Antwort auf diese Benachrichtigung hat die Verwaltung des zentralen Bezirks mitgeteilt, dass sie die Kundgebung verbietet (obwohl das Gesetz vorschreibt, dass die Exekutive ein derartiges Verbot nicht erteilen darf).

Die erste offizielle Begründung für dieses Verbot: »Wir haben einen feierlichen Anlass, den ›Tag

der Stadt‹.« Als sich dann der Wind oben geändert hatte und der »Tag der Stadt« nur noch
am 2. September begangen wurde, schob die Verwaltung eine neue Begründung für das Verbot
nach: Der Lubjanka-Platz müsse nach der Feier
vom Vortag gesäubert werden.

Und jetzt ist der 3. September, 12.50 Uhr. Verbot ist Verbot – aber es handelt sich doch um das
Gedenken an eine Katastrophe. Und diese Katastrophe ist doch für alle eine Katastrophe – für
diejenigen die die Kundgebung verboten haben,
wie für alle anderen. Fast zweihundert Menschen
sind zum Lubjanka-Platz gekommen, mit Blumen,
Plakaten, Fotos von getöteten Kindern. Und sie
trafen auf einen Polizeikordon. Der Solowetzkij-
Stein, eine Gedenkstätte für die Opfer der politischen Unterdrückung, ist von jungen Polizisten
aus der Polizeischule umstellt. Das ist der erste
Ring. Hinter den jungen Polizisten stehen »Menschen in Zivil« in ganz unangemessener Zahl für
dieses Ereignis. Wovor hat man solche Angst?
Und überhaupt: Es ist merkwürdig, dass die
»Zivis« so aktiv, so übertrieben, mit ihrem ganzen
Körpereinsatz, den Solowetzkij-Stein schützen –
vor Menschenrechtlern.

Viele der »Zivis« haben einen »Knopf im Ohr«, über den ständig etwas berichtet wird. Sie halten sich das andere Ohr zu und hören die unsichtbaren Hintermänner. Laut hetzen sie nun die Miliz auf: »Dawai, dawai, jagt sie auseinander!« Alles wird mit Kameras aufgezeichnet – die »Kameramänner« arbeiten ganz offensichtlich mit Großaufnahmen, um die Gesichter archivieren zu können. Ein Teil dieser »Kameramänner« arbeitet mitten in der Menge. Dort halten einige die »Nowaja Gaseta« mit dem Bericht des Duma-Abgeordneten Juri Saweljew hoch, der die offizielle Version vom Sturm in Beslan widerlegt. Später, auf dem Polizeirevier, wird es genau so im Protokoll stehen: »... hat ›Nowaja Gaseta‹ Nr. 65 dabei.« Ist das verboten ...?

Die Menschen sprechen doch über den Bericht von Saweljew. Die meisten stimmen ihm zu. Sie sagen: »Und wieder wurde ein zu hoher Preis gezahlt ...«. Die »Zivis« versuchten mit ihren Kameras aufdringlich auf die Gesichter zu halten und lachen ganz offen: »Verrückte! Gehen Sie auseinander!«

Um 13.05 Uhr, genau um 13.05, präzise zu der Minute, als der Sturm vor zwei Jahren angefangen hat, haben die »Zivis«– nicht eingedenk dieser blamablen Parallele – den Bereitschaftspolizisten den Befehl zum Sturm auf die »falsch Trauernden« gegeben.

Die Bereitschaftspolizisten, und das ist offensichtlich, sind diesmal besonders brutal, keineswegs zimperlich: Sie zerreißen die selbst gemachten Plakate und zertrampeln mit ihren Militärstiefeln das selbst gemachte »Gedenken, Beten, Trauern«. Die Menge skandiert: »Schande! Schande!« Die Frauen gehen zu den Uniformierten und versuchen mit ihnen zu reden: »Was macht ihr eigentlich? Nachher werdet ihr euch schämen.« Aber die brummeln nur: »Die Medien lügen ...« und teilen weiter mit Händen und Füßen nach links und rechts aus.

Um 13.10 Uhr ist alles vorbei – dreizehn Menschen wurden in vorher bereitgestellte Polizeiautos verfrachtet und mit Plakaten und Blumen zum Polizeirevier des Bezirks gebracht. Die Frauen haben die Kerzen wieder angezündet – unten auf dem Asphalt. Irgendjemand legt ein Plüschtier auf den Bürgersteig, ein Kind seine Praline neben das Spielzeug, andere stellen eine Wasserflasche hin. Es wird ein Beslan-Altar errichtet – wie in

Tausenden Städten auf der ganzen Welt zu dieser Stunde. Die Menschen beten leise, weinen, und die Jungen aus dem ersten Polizeikordon sehen beschämt weg.

Inzwischen entsteht auf dem Revier unerwartet eine Diskussion zwischen den einen und den anderen: zwischen den Festgenommenen, die auf ihre Protokolle warten, und den Bereitschaftspolizisten, die hier als Zeugen auftreten. Der eine hat aus seiner Tasche die »Nowaja Gaseta« gezogen und zeigt sie den Polizisten: »Verstehen Sie doch, das ist ein Bericht eines Abgeordneten. Er ist selbst ein Sprengstoffspezialist, er hat nachgeforscht. Lesen Sie, er hat bewiesen, dass das Feuer in der Turnhalle ausgebrochen ist, weil unsere Granatwerfer auf das Dach des Schulgebäudes geschossen haben. Die Geiseln sind deshalb verbrannt ...«

Die Bereitschaftspolizisten erwidern: »Nein, das kann nicht sein, die Zeitungen lügen. Und diesen Bericht hat kein Abgeordneter geschrieben, sondern die Journalisten selbst. Das ist doch ›Nowaja Gaseta‹. Wir wurden aufgeklärt ...«

Ach, sie wurden »aufgeklärt«? Die Brutalität der Bereitschaftspolizei gegenüber den »falsch Trauernden« wurde durch die Lügen ihrer Vorgesetzten ausgelöst. Das war die Antwort auf diejenigen, die die Version des Abgeordneten Saweljew unterstützten. Und die ganze Geschichte hier am Solowetzkij-Stein ist der Kampf um das Ansehen einer »guten Geheimdienst-Lubjanka[3]«, die einfach nicht die Kinder in Beslan[4] mit Granatwerfern töten konnte. Das ist ein Kampf gegen »Falschinformation«.

Die Diskussion und die zufällig in den Raum geworfenen Wörter wurden ganz bezeichnend für das, was im ganzen Land passiert. Die Macht befindet sich in einer entscheidenden Phase der Auseinandersetzung mit den Andersdenkenden. Die Macht versucht, alles an sich zu reißen: die Trauer, die Ideologie und sogar den Solowetzkij-Stein ...

[3] Die Lubjanka ist ein ehemaliges Versicherungsgebäude, bis 1991 das zentrale Gefängnis und das Archiv des sowjetischen Geheimdienstes in Moskau. Heute ist die Lubjanka Verwaltungsstelle für den Geheimdienst FSB. Das gelbe Gebäude aus Backstein steht am Lubjanskaja Ploschtschad Nr. 2 gegenüber der Metrostation Lubjanka (früher Dserschinskaja).

[4] Die Ereignisse um das Geiseldrama sind neuerdings beschrieben in dem Buch: Julia Jusik: Die Schule von Beslan. Das Wörterbuch des Schreckens. Mit einem Vorwort von Swetlana Alexijewitsch. DuMont Verlag, Köln 2006.

Aber wie dumm sind alle diese Versuche in Zeiten des Internets. Der FSB hat dreihundert Exemplare des Berichts von Saweljew auf dem Flughafen von Nordossetien beschlagnahmt (das war am 2. September). Aber dasselbe kann man aus dem Internet erfahren. Sie haben die »Nowaja Gaseta« mit diesem Text zerrissen – aber man kann den Artikel nachlesen. Es scheint, dass die »Beschützer des Solowetzkij-Steins« die moderne Informationstechnologie nicht beherrschen. Vielleicht ist es auch besser so, denn solange sie so naiv sind, haben wir die Möglichkeit, dorthin zu gehen, wo sie noch nicht sind.

»Nowaja Gaseta«, 7. September 2006

»Eine Bürgergesellschaft ist das nicht.«
Lew Gudkow, Soziologe

Fritz Pleitgen

Mordversuch an Menschenrechten
Bürgergesellschaft in Russland

Die Nachricht von der Ermordung der russischen Schriftstellerin Anna Politkowskaja hat in vielen Ländern Entsetzen und Empörung ausgelöst. Der Schock sitzt bei diesen Menschen immer noch tief. Nur die Politik lässt sich nicht beeindrucken – weder von der Tat noch von der empörten Reaktion. Mit Nonchalance ist sie nach einigen wohlfeilen Lippenbekenntnissen über das Verbrechen hinweg zur Tagesordnung übergegangen. Dies kommt einem Mordversuch an den Menschenrechten gleich, für die Anna Politkowskaja ihr Leben eingesetzt hat.

Die Gleichgültigkeit der internationalen Politik ist kein gutes Zeichen. Auf der Frankfurter Buchmesse, über die die Schreckensnachricht aus Moskau hereinbrach, erhoben Mitglieder der russischen Menschenrechtsorganisation »Memorial« warnend ihre Stimmen. Sie hatten auf der Messe ihren neuen kritischen Sammelband zur Aufarbeitung der sowjetischen Vergangenheit vorgestellt. Nun sehen sie die so hart erkämpfte Glasnost in ihrem Land schon wieder bedroht. Sie fürchten, in der sogenannten »gelenkten Demokratie«, wie sie vom Kreml propagiert wird, könne die freie Meinungsäußerung bald zum Verstummen gebracht werden. Eine solche Entwicklung würde dem Ansehen Russlands sicher weltweit schaden.

Gut, kritische Journalisten – ob aus dem Inland oder Ausland – bereiten Politikern selten Freude, aber sie stabilisieren die Gesellschaft, weil sie dafür sorgen, dass sich die Bürgerinnen und Bürger ein souveränes Bild von den Ereignissen und den Entwicklungen ihres Landes machen. In dieser Hinsicht hatte Russland – im Vergleich zur Sowjetzeit – zunächst große Fortschritte gemacht. Sie haben zum internationalen Ansehen des Landes trotz vieler Rückschläge genauso beigetragen wie der Besitz weltweit begehrter Bodenschätze. Es sollte im Interesse des Kreml sein, diese über Jahrzehnte mühselig erkämpften Errungenschaften nicht aufzugeben.

In den siebziger Jahren arbeitete ich als Korrespondent in Moskau. Damals war in den intellektuellen Kreisen ein Trinkspruch üblich, den der in Russland sehr populäre Lyriker und Barde Bulat Okudshawa geprägt hatte: »Lasst uns trinken auf den Erfolg unserer hoffnungslosen Sache« (Wypjem sa uspech naschego besnadjoshnogo dela). Es waren jene Zeiten des erbitterten Widerstands vieler Bürgerrechtler und Dissidenten gegen die KGB-Bespitzelung und -Verfolgung, gegen die Verhaftungen, Verurteilungen und Verbannungen. Ob diese Bürgerrechtsbewegung eine wirklich hoffnungslose Sache war? Auf jeden Fall lohnt es sich, einen Rückblick auf ihre Entstehungsgeschichte zu werfen.

Als in der Sowjetunion der 1950er Jahre nach Stalins Tod das kurzzeitige geistige und politische Tauwetter eingeläutet wurde, manifestierte es sich primär durch offeneres und liberaleres Auftreten der Intellektuellen in der Öffentlichkeit. Junge Menschen, die für sich Ende der fünfziger, Anfang der sechziger Jahre als Studenten aller möglichen Fachrichtungen eine neue, freiere Welt entdeckten, dürsteten nach Wissen, Literatur und Kunst – mit dem festen Entschluss, die Dogmen ihrer Elterngeneration weit hinter sich zu lassen. Sie nannten sich »Schestidessjatniki« (die Sechziger) und Physiker-Lyriker.

Ludmila Alexejewa, damals Geschichtsstudentin und später Dissidentin der ersten Stunde, erinnert sich: »(...) die Kreise bildeten sich spontan, es brodelte nur so darin (...). Diese Kreise erschienen wie eine Art soziale Institution, nach der die Gesellschaft verlangte. Unsere Generation hatte das psychologische, geistige, womöglich auch physiologische Bedürfnis, ihr Land, ihre Geschichte und sich selbst zu entdecken. (...) Diese Kreise entwickelten ihre eigenen Formen der Literatur, Journalistik, Musik und des Humors. Sie erfüllten eine Menge von Funktionen, die ihnen die offizielle Welt vorenthielt.«[5]
Derweil behauptete sich in der offiziellen Welt die Monatszeitschrift »Nowyj Mir« (»Die Neue Welt«) mit dem mutigen Redakteur Alexander Twardowskij, dank dessen unermüdlichem Kampf mit den Zensurbehörden solche Werke erschienen wie Wladimir Dudinzews Roman »Der Mensch lebt nicht vom Brot allein«, Alexander Solschenizyns Erzählung »Ein Tag im Leben des Iwan Denissowitsch« und Viktor Nekrassows Essay »Auf beiden Seiten des Ozeans«. Eine weitere

[5] Ludmila Alexejewa: Pokolenie ottepeli (Die Tauwetter-Generation). Moskau 2006, S. 91.

Monatszeitschrift, »Inostrannaja Literatura« (»Ausländische Literatur«), in deren Redaktion die Amerikanistin Raissa Orlowa und der Germanist und ehemalige Gulag-Häftling Lew Kopelew arbeiteten, veröffentlichte damals Hemingway, Remarque, Böll und Dürrenmatt.

Das Tauwetter währte nicht lange. Der sonst liberal erscheinende Nikita Chruschtschow besuchte 1964 die Kunstausstellung in der Moskauer Manege, verriss die von ihm nicht verstandenen Werke – somit wurden solche Künstler wie der Bildhauer Ernst Neizwestnyj und der Maler Boris Birger mit sofortiger Wirkung verfemt und verboten. Ebenso wurde 1964 dem Leningrader Lyriker Joseph Brodsky ein Prozess gemacht – nicht seine kritischen Texte standen im Mittelpunkt der Anklage, sondern seine angeblich »schmarotzerhafte« Lebensweise.

Ein Jahr darauf wurde Chruschtschow entmachtet, zum ersten Mann im Kreml wurde Leonid Breschnew, der unmissverständlich einen schärferen Ton anschlug. Doch der Freiheits-Dschin (Geist) hatte die Flasche längst verlassen. Die Samisdat-Literatur wurde geboren, das ist im Selbstverlag schreibmaschinell angefertigte und vervielfältigte Literatur, sowohl ausländischer, offiziell in der Sowjetunion verbotener Autoren wie George Orwell oder T. S. Elliott als auch Werke russischer Autoren wie Anna Achmatowa, Joseph Brodsky, Alexander Solschenizyn, Nadeschda Mandelstam, Jewgenija Ginsburg, Lew Kopelew und vieler anderer. Der Wunsch nach freier Meinungsäußerung wuchs mit zunehmendem Druck seitens der Mächtigen im Kreml. Auf der Suche nach Erkenntnissen wurden auch die offiziell zugelassenen Quellen ernsthaft studiert. So erinnert sich Ludmila Alexejewa, damals Geschichtsdoktorandin, an ihre Arbeitsphase, als sie sich vornahm, alle fünfundfünfzig Bände mit Lenins Schriften zu lesen: »Als ich in den Gesamtwerken Lenins bis zum Jahr 1917 gelangte, wurde mir klar, dass ich jegliche Achtung für diesen Menschen verloren hatte.«[6]

Wie viele andere Gleichgesinnte hörte sie öfters die »feindlichen Stimmen« – so bezeichneten die sowjetischen Ideologen die westlichen Sender wie BBC, Deutsche Welle, Radio Liberty und Voice of Amerika, die ihre Sendungen auch in

[6] Ebenda, S. 84.

russischer Sprache ausstrahlten. Als im Frühling 1966 in Moskau den Schriftstellern Julij Daniel und Andrej Sinjawskij der Prozess gemacht wurde dafür, dass sie ihre Romane in den Westen schaffen und dort veröffentlichen lassen haben, standen Ludmila Alexejewa mit ihrer Freundin Larissa Bogoras – damals Frau von Julij Daniel – des Öfteren vor dem Gerichtsgebäude und schauten zunächst mit Vorsicht, dann aber mit zunehmender Achtung auf eine Gruppe westlicher Journalisten. Denn jeden Abend nach der Gerichtsverhandlung hörten sie zu Hause die »verbotenen« Sender und staunten, wie sachlich und fair die westlichen Korrespondenten Bericht erstatteten und im Gegensatz zu den sowjetischen Zeitungen die Angeklagten nicht vorverurteilten. An einem eiskalten Tag fassten die Moskauer Protestler ihren Mut, gingen auf die verfrorenen westlichen Journalisten zu, luden sie in die »Pelmennaja« (Imbiss mit dem Teigtaschen-Gericht) ein und vereinigten sich unter den scheelen KGB-Blicken zu einer bunten Gruppe. Daniel und Sinjawskij mussten für mehrere Jahre ins Lager. Aber der Kontakt zu den westlichen Journalisten erfüllte die Moskauer Dissidenten mit Hoffnung, denn jetzt verfügten sie über Kanäle, die es ihnen ermöglichten, das Unrecht in ihrem Lande offen und kritisch kundzutun.

Doch die Breschnew-Ära nahm ihren düsteren Verlauf. Rückblickend schreibt Lew Kopelew darüber in seinem in Deutschland erschienenen Buch »Rußland – eine schwierige Heimat«: »Es kam das Jahr 1968, das Jahr des ›Prager Frühlings‹. Es bleibt auch in der Geschichte des russischen Geistes, der russischen beziehungsweise sowjetischen öffentlichen Meinung von großer Bedeutung. In diesem Jahr trat Andrej Sacharow zum ersten Mal mit einem Memorandum an die Öffentlichkeit. Am 25. August demonstrierten auf dem Roten Platz in Moskau sieben junge Menschen gegen den Einmarsch der Warschauer-Pakt-Staaten in die Tschechoslowakei. Sie verlangten Freiheit für Dubček (...). Die Demonstranten wurden brutal geschlagen, kamen ins Gefängnis, später in Lager, in die Verbannung.«[7] Unter den sieben Demonstranten befand sich auch Larissa Bogoras mit dem Plakat, auf dem stand: »Für eure und unsere Freiheit!«

[7] Lew Kopelew: Rußland – eine schwierige Heimat. Göttingen 1995, S. 42.

Das im Samisdat erschienene Memorandum mit dem Titel »Gedanken über Fortschritt, friedliche Koexistenz und geistige Freiheit« kostete den renommierten Atomphysiker und Mitglied der Wissenschaftsakademie Sacharow seine Arbeitsstelle und seine offizielle gesellschaftliche Stellung. Sacharows Frau Jelena Bonner war schon länger aktiv in der Bürgerrechtsbewegung, sie traten zu zweit auf.

Das schicksalhafte Jahr 1968 brachte viele Dissidenten in Gefängnisse, Lager und Verbannung. Freunde in Moskau sammelten ihre herausgeschmuggelten Briefe. Durch diese Briefe erfuhren sie, dass auch Dissidenten aus anderen Sowjetrepubliken wie der Ukraine, dem Baltikum und Armenien ihre nationalen Menschenrechtsbewegungen gründeten, öffentlich protestierten und dafür mit der Freiheit bezahlten. Wie Ludmila Alexejewa sich erinnert: »Dank dieser Briefe erfuhren wir von anderen Häftlingen, Mitgliedern nationaler und religiöser Bewegungen (...). Die Information, die wir sammelten, wuchs mit jedem Tag. Es wurde immer schwieriger, sie zu systematisieren, auszuwerten und zu vervielfältigen. Es wurde notwendig, ein periodisch erscheinendes

Informationsblatt herauszugeben und mit Hilfe von Samisdat zu vertreiben. Das war die Geburtsstunde der ›Chronik der laufenden Ereignisse‹. Wahrscheinlich wurde diese Bezeichnung einer gleichnamigen russischsprachigen Nachrichtensendung der BBC entnommen.«[8] Die erste Nummer der Chronik ist 1968 unter der Redaktion von Natalja Gorbanewskaja erschienen. Fast regelmäßig gelangten die Chronik-Hefte in den Westen und fanden eine immer größere Öffentlichkeit, zum besonderen Ärger des KGB.

1969 traten immer mehr mutige Intellektuelle der Dissidentenbewegung bei: der Biologe Sergej Kowaljow, der Physiker Jurij Orlow, die Mathematikerin Tatjana Welikanowa und noch viele andere. Fast alle mussten sie dafür ihren geliebten Beruf opfern und mit verschiedenen kurzfristigen und schlecht bezahlten Tätigkeiten ihren Alltag meistern. Im Herbst 1970 wurde das »Komitee der Menschenrechte in der UdSSR« gegründet. Zu seinen Mitgründern gehörten Andrej Sacharow und sein Physikerkollege Waleri Tschalidze. Dies war der erste Versuch in Russland, ein unabhängiges Forschungszentrum für Fragen der Men-

[8] Ludmila Alexejewa, S. 213–214.

schenrechte zu etablieren. Mit Erfolg nach außen, denn dieses Komitee wurde als Mitglied in die Internationale Liga der Menschenrechte in New York aufgenommen – umso gefährlicher für die Menschenrechtler daheim. Der Druck seitens des KGB wurde noch größer, die Unterdrückungsmethoden noch brutaler. Die Zwangseinweisungen in die Psychiatrie nahmen zu. Durch diese Hölle ging auch die Redakteurin der »Chronik der laufenden Ereignisse«, Natalja Gorbanewskaja.

Ein weiterer Dissident und Opfer der Zwangspsychiatrie, Wladimir Bukowskij, nach Aktionen von amnesty international und des französischen und deutschen P.E.N.-Clubs 1976 in den Westen ausgetauscht, schrieb 1996 in seinem Buch: »Zweifellos war die Benutzung der Psychiatrie als Instrument der politischen Repression eines des schlimmsten Verbrechen gegen die Menschlichkeit in der Nachkriegszeit. (...) Als sie uns der ›Verleumdung der sowjetischen Gesellschafts- und Staatsordnung‹ beschuldigten und in allen ihren Dokumenten (...) immer wieder bis zum Überdruss wie eine Beschwörung das Wort ›verleumderisch‹ als Attribut für unsere Äußerungen (...) und Samisdat-Erzeugnisse verwendeten –

glaubten sie da wirklich, dass wir bewusst oder unbewusst die Realität entstellten? (…) ›Wirklichkeit‹ hat in ihrer Sprache einen ganz anderen Sinn. Die Ideologie verwarf alles allgemein Menschliche: Es konnte nicht einfach ›Realität‹ oder ›Wirklichkeit‹ geben, sie war ›bürgerlich‹ oder ›sozialistisch‹. (…) Man kann sich leicht vorstellen, zu welchem Grad von Absurdität das schon im rein sprachlichen Bereich führen musste. So schreibt zum Beispiel Andropow in einem Brief an Breschnew anlässlich der Ausweisung Solschenizyns, dass nach Auffassung einiger angesehener Schriftsteller das Buch ›Archipel Gulag‹ zweifellos antisowjetisch sei, aber die ›Fakten, die in diesem Buch beschrieben werden, seien wirklich geschehen‹. In einigen Dokumenten taucht sogar der Ausdruck ›verleumderische Fakten‹ auf, der außerhalb der Sowjetunion überhaupt nicht zu erklären ist.«[9]

Mitte der siebziger Jahre waren sehr viele Bürgerrechtler der ersten Stunde entweder zur Emigration gezwungen und ausgebürgert worden oder saßen in Gefängnissen, Lagern und Verbannung.

[9] Wladimir Bukowskij: Abrechnung mit Moskau. Bergisch Gladbach 1996, S. 188–189.

Der Spätsommer 1975 wurde den noch nicht inhaftierten Mitstreitern von großer Bedeutung. Am 1. August 1975 haben in Helsinki dreiunddreißig Teilnehmerländer das KSZE-Abkommen zur Sicherheit und Zusammenarbeit in Europa unterschrieben. Ein weiteres Ereignis dieses Jahres stärkte die russischen Bürgerrechtler. Dazu aus Lew Kopelews Erinnerungen: »Im Oktober 1975 wurde Sacharow der Friedensnobelpreis verliehen. Als er das erfuhr, waren seine ersten Worte: ›Ich hoffe, daß es vielleicht Erleichterungen für unsere politischen Gefangenen bringt und der Sache der Menschenrechte dient.‹«[10] Das tat es.

Unter Führung Jurij Orlows wurde am 12. Mai 1976 die Moskauer Helsinki-Gruppe gegründet. Kurz darauf folgten weitere Helsinki-Gruppen in der Ukraine, im Baltikum, in Georgien und Armenien. Als 1979 die sowjetischen Panzer in Afghanistan einrollten, befanden sich mehr als zehn Mitglieder der Helsinki-Gruppe in Haft und Lagern – darunter Jurij Orlow und Sergej Kowaljow.

»Leider hat die breite Masse aufgehört, irgendetwas zu glauben; es ist ihnen alles egal. Die Führung ist

---

[10] Raissa Orlowa / Lew Kopelew: Zeitgenossen, Meister, Freunde. München und Hamburg 1987, S. 239.

schuld, weil sie eine bestimmte Atmosphäre im Lande
schafft, in der Morde wie an Anna Politkowskaja
möglich werden (...). Jeder Mord an einem Journa-
listen ist in jedem Fall auch ein politischer Mord.«

Sergej Kowaljow, Menschenrechtsaktivist

Sacharow wurde 1980 nach Gorki verbannt, etwas später auch seine Frau Jelena Bonner. 1982
musste die Helsinki-Gruppe ihre Tätigkeit ein-
stellen. Im Sommer desselben Jahres konnte auch
die letzte bereits konzipierte Nummer (Nr. 64)
der »Chronik der laufenden Ereignisse« nicht
mehr erscheinen.

Dennoch wird Sergej Kowaljow später über diese
hoffnungslos erscheinende Zeit schreiben: »Die
historische Mission der Bürgerrechtsbewegung
in der UdSSR, so wie sie sich Ende der sechziger
Jahre herausgebildet hatte, war erfüllt. Die Idee
der Menschenrechte war im gesellschaftlichen
Bewusstsein verankert.«[11]

Im November 1982 starb Breschnew. Die neuen
ZK-Sekretäre wechselten in rascher Abfolge:
Dem ehemaligen KGB-Chef Andropow waren

[11] Sergej Kowaljow: Der Flug des weißen Raben. Von
Sibirien nach Tschetschenien: Eine Lebensreise. Berlin
1997, S. 107.

nur zwei Regierungsjahre beschieden, seinem Nachfolger Tschernenko nicht viel mehr. Mit Michail Gorbatschow, einem jüngeren Vertreter, dem das greisenhafte ZK endlich das Ruder übergab, begann eine neue Ära, die solche Begriffe wie Perestroika und Glasnost geprägt hat.

Auf die Initiative von Bürgerrechtlern um Andrej Sacharow wurde 1988 die Menschenrechtsorganisation »Memorial« gegründet – die erste offizielle Nichtregierungsorganisation des postdiktatorischen Russland –, die sich die historische Aufarbeitung der politischen Gewaltherrschaft zum Ziel gemacht hat, um damit den Opfern des Stalinismus ein Denkmal zu setzen, aber auch um die aktuelle Menschenrechtsarbeit zu gewährleisten. 1989 nahm die Moskauer Helsinki-Gruppe unter dem Vorsitz von Larissa Bogoras ihre Tätigkeit wieder auf.

Seit dem Zerfall der Sowjetunion gibt es fast in jeder neuen unabhängigen Republik – vor allem in der Russischen Föderation – mehrere NGOs, die sich mit Menschenrechten, Umweltfragen und sozialen Problemen befassen.

Der Bürgerrechtler der »alten Garde«, Sergej Kowaljow, wurde zum Duma-Abgeordneten und später zum Vorsitzenden der »Menschenrechtskommission beim Präsidenten« gewählt. Als im Dezember 1994 der Erste Tschetschenische Krieg ausbrach, war es Kowaljow, der sofort nach Grosny geflogen ist, um sich vor Ort ein Bild von den wahren Zuständen zu machen. Zurück in Moskau, wurde Kowaljow zu einem unermüdlichen Mahner. Er fand kaum Unterstützung bei Politikern, dafür aber in den Medien. Eine tatkräftige und mutige Generation junger Journalisten reiste in die Kriegsregion und leistete eine beachtenswerte Berichterstattung. Neben ausländischen Korrespondenten berichteten aus Tschetschenien auch russische Journalisten wie Andrej Babizkij und Anna Politkowskaja …

Mittlerweile will der Zweite Tschetschenische Krieg kein wirkliches Ende nehmen. Die zahlreichen russischen NGOs haben immer schwerer mit den verschiedenartigen dubiosen bürokratischen und gesetzlichen Hindernissen seitens der Regierung Putin zu kämpfen.

Wie hoffnungslos ist die Sache, auf deren Erfolg Bulat Okudshawa einst seinen Trinkspruch ausbrachte?

An seinem Verbannungsort Gorki schrieb Andrej Sacharow 1980 in dem Artikel »Sorgenvolle Zeit« folgende Gedanken nieder: »Die Menschen im

Land sind zu einem gewissen Grad desorientiert und eingeschüchtert. Ebenso wesentlich vorhanden ist ein bewusster Selbstbetrug und Selbstschutz vor schwierigen Problemen. Das Plakat mit der Aufschrift ›Partei und Volk sind eins‹, das fast jedes fünfte Haus schmückt, enthält durchaus keine leeren Worte. Aber aus demselben Volk sind auch Menschenrechtler hervorgegangen. Sie lehnten sich gegen Lügen, Zynismus und Verstummen auf. Bewaffnet nur mit einem Kugelschreiber, waren sie bereit, Opfer zu bringen ohne den erleichternden Glauben an einen schnellen und effektiven Erfolg. Doch sie haben ihr Wort gesprochen, das unvergessen bleiben wird, denn auf ihrer Seite sind die moralische Kraft und die Logik der historischen Entwicklung. Ich bin überzeugt, dass ihr Werk auf die eine oder andere Weise seine Fortsetzung findet. Denn (…) es geht hier um den qualitativen Durchbruchsfaktor der psychologischen Schweigemauer (…).«[12]

Mehr als ein Vierteljahrhundert später scheinen diese Überlegungen nichts an Aktualität verloren

[12] Sacharwoskij sbornik (Sacharow-Sammelband). New York 1981, S. 32.

zu haben. Diese Reihe von Essays im sogenannten Sacharow-Sammelband, den seine Freunde im Exil publizierten, versah der Autor mit dem Titel »Sorge und Hoffnung«.

Vom gleichen Geist und gleicher Charakterstärke wie Andrej Sacharow und viele andere der in diesem Artikel Genannten, hat Anna Politkowskaja für die Wahrung der Menschenrechte gekämpft. Sie ist dafür bedroht und angegriffen worden, immer wieder. Die zarte Frau hat viele Ängste durchlitten, aber nie aufgegeben. Andrej Sacharow ist für seinen Kampf um die Menschenrechte mit dem Friedensnobelpreis ausgezeichnet worden. Anna Politkowskaja sollte eine internationale Ehrung von hohem Rang posthum erhalten. Das wäre weltweit für Menschen, die sich für die Menschenrechte einsetzen, eine große Ermutigung und darüber hinaus eine dauerhafte Erinnerung an das Lebenswerk von Anna Politkowskaja.

»Dies ist ein echter politischer Mord. Ein Racheakt.
Auch ist dies ein schwerer Schlag für die Pressefreiheit und
für all diejenigen, die sich für die Demokratie in unserem
Land einsetzen.«
Michail Gorbatschow, bis 1991 Präsident der Sowjetunion

Margareta Mommsen

Gorbatschow – Jelzin – Putin
Von Gorbatschows Perestroika zu Putins gelenkter Demokratie

Was unterscheidet die Präsidentschaften Gorbatschows, Jelzins und Putins? Und wie erklärt es sich, dass die von Putin beschworene »Diktatur des Rechts« und die zielstrebig errichtete »Vertikale der Macht« Zustände ergaben, die – wie die sich häufenden Auftragsmorde an Journalisten, Bankiers und Unternehmern – viel eher Ausdruck vollkommener Rechtlosigkeit und auch noch offenkundiger politischer Ohnmacht sind? Kann es sein, dass jene negativen Symptome eine zwangsläufige Begleiterscheinung von Putins »gelenkter Demokratie« sind? Dass sich das Fehlen gesellschaftlicher Kontrollen und politischer Rückkoppelung ein Ventil sucht in Formen brutaler Gewalt? Nicht zufällig haben Russland-Experten die jüngste Entwicklungsstufe der

»gesteuerten Demokratie« mit dem prekären Zustand einer »übersteuerten Demokratie« gleichgesetzt, in der sich zivilisierte Formen des gesellschaftlichen Konfliktaustrags immer weiter verlieren und das Gesetz der nackten Gewalt überhandnimmt.

In diesem Beitrag sollen die Peripetien[13] des Systemwechsels, der mit Michail Gorbatschow in der UdSSR begann, nachgezeichnet und dabei die Frage verfolgt werden, woran eine erfolgreiche Ablösung des sowjetischen Herrschaftssystems vornehmlich scheiterte und warum die Errichtung demokratischer Verhältnisse heute weiter entfernt zu sein scheint als zu Beginn der Perestroika in der zweiten Hälfte der achtziger Jahre.

Als Michail Gorbatschow als neuer Generalsekretär des ZK der KPdSU einen grundlegenden Systemwandel in Gang brachte, sah es ungeachtet aller sozialen Reflexe der Beharrung und tatkräftiger Widerstände seitens kommunistischer Betonköpfe zunächst danach aus, dass das Land überreif für Strukturreformen war und die neuen

[13] Peripetie: *Umschwung, Wendung* etwa im Drama. Der griechische Ursprung des Wortes: *peripeteia* »Umschwung, Wende, Wendepunkt«.

Freiheiten der Meinungsäußerung (Glasnost) und der Versammlungsfreiheit schnell Fuß fassten. Man brauchte das Drängen der Gesellschaft auf öffentliche Kritik und Meinungsvielfalt nur zu »entkorken«, wie es Russland-Experten beschrieben. Bei den Wahlen zum neuen Volksdeputiertenkongress konnte sich allerdings nur ein sehr rudimentärer politischer Pluralismus entfalten. Zu Recht verdiente die neue Form politischer Repräsentation überhaupt nur die Bezeichnung als »Halbparlamentarisierung«. Gorbatschow selbst konnte sich lange nicht mit der Vorstellung eines Mehrparteiensystems anfreunden, und dies fiel ihm umso schwerer, als er sich rasch von den konservativen Kräften in der KPdSU einerseits und von der demokratischen Bewegung unter Führung seines baldigen politischen Widersachers Boris Jelzin andererseits eingeengt sah. Hinzu kam, dass sich Gorbatschow nur widerstrebend von der marxistisch-leninistischen Ideologie und von der Vorstellung löste, die KPdSU selbst sei reformierbar. Erst als politischer Pensionär bekannte er sich als Sozialdemokrat. Während der ganzen Perestroika fehlte es an klaren Zielsetzungen, wohin der Umbau des politischen Systems führen sollte. Auch den Weg zur Ablösung der Planwirtschaft und zur Annäherung an die Marktwirtschaft ging man nur halbherzig. Alle Veränderungen folgten letztlich der Methode von Versuch und Irrtum.

Erste grundlegende Verfassungsänderungen, mit denen das Herrschaftsmonopol der kommunistischen Staatspartei abgeschafft und ein Präsidentenamt im März 1990 eingeführt wurde, konnten den allgemeinen Umwälzungsprozess jedoch nicht mehr in die gewünschten ruhigen Bahnen lenken, im Gegenteil. Die Schaffung der Präsidentschaft diente den politischen Führungen in den fünfzehn Unionsrepubliken als Steilvorlage zur Einführung eigener starker Präsidentenämter. Und während sich Gorbatschow nur kraft parlamentarischen Mehrheitsbeschlusses in das neue Amt auf Unionsebene hieven ließ, legten die Anwärter auf das Amt in den Unionsrepubliken – zumeist die bisherigen kommunistischen Ersten Republikparteisekretäre – Wert darauf, sich kraft Volkswahl ein starkes Mandat zu holen. Die neu gewählten Parlamente in den Unionsrepubliken verabschiedeten eigene Landesverfassungen, und auf der Flutwelle der rasch um sich greifenden

nationalen Emanzipation schlitterte das Sowjet-
imperium in die Auflösung. Der Putsch vom
August 1991 gab den letzten Anstoß zum Zerfall
der UdSSR. Das bald geflügelte Wort von der
Implosion des Staatsverbandes traf den Vorgang
sehr genau.

Michail Gorbatschow war zuletzt ein Herr ohne
Land, der Präsident einer Union, die sich aufgelöst hatte. Eine tragische Figur, der das außeror-
dentliche Verdienst zugekommen war, das Land
nach außen zu öffnen und im Inneren erste grundlegende Voraussetzungen für eine Demokratisierung zu schaffen. Tatsächlich hatten jedoch weder
er noch die politischen Führungskräfte in den
neuen Nachfolgestaaten genauere Vorstellungen
vom Abc der Demokratie, der Marktwirtschaft
und des Rechtsstaats. Bald sollte sich herausstellen,
dass die ungelernten Demokraten an der Macht
erneut autoritären Herrschaftstendenzen Auf-
trieb verschafften, und dies ungeachtet der jeweiligen neuen demokratischen Verfassungen.

In dem Transformationsprozess der Russischen
Sozialistischen Föderativen Sowjetrepublik
(RSFSR) in die Russische Föderation/Russland,
der sich von 1991 bis 1993 hinzog, brach ein

wahrhaftiger Krieg der Staatsgewalten um eine neue Verfassungsordnung aus. Während der im Sommer 1991 vom Volk gewählte Präsident Boris Jelzin alles daransetzte, eine starke Exekutive zu errichten, wollte der Russische Volksdeputierten-kongress umgekehrt alle Macht in der Legislative konzentrieren. Die Auseinandersetzungen gipfel-ten in der gewaltsamen Auflösung des Parlaments Anfang Oktober 1993. Ungeachtet dieses Deba-kels, das Jelzins Präsidentschaft wie ein böses Omen begleitete, wurde eine demokratische Ver-fassung per Plebiszit angenommen. Die Autoren des Dokuments hatten sich bewusst an der Ver-fassung der Fünften Französischen Republik ori-entiert und erblickten Parallelen zwischen der Krise Frankreichs am Ende der fünfziger und der russischen Krise Anfang der neunziger Jahre. Die große Flexibilität der französischen Verfassung sollte einen Weg aus den eigenen Wirren weisen. Obwohl die semipräsidentielle Herrschaftsord-nung Frankreichs übernommen wurde, erhielt das russische Präsidentenamt eine noch stärkere Ausstattung an Macht und Kompetenzen, als es dem französischen Vorbild entsprach.

Da Jelzin von den Auseinandersetzungen mit dem Parlament der Übergangszeit stark traumatisiert

war und er wie auch seine demokratischen »Jungreformer« die Marktwirtschaft möglichst rasch
auf die Beine bringen wollten, taten sie alles, um
die semipräsidentielle Verfassungsordnung von
Anfang an als volles präsidentielles System auszu-
legen, ja faktisch als ein »superpräsidentielles«
Regime zugunsten einer klaren Vorherrschaft der
Exekutive zu handhaben. Jelzins Vorstellungen
von Demokratie reduzierten sich im Wesentlichen auf Einführung der Marktwirtschaft und
auf Abhaltung freier Wahlen. Demgegenüber
war seine Haltung zu politischen Parteien als
Träger und Mittler des gesellschaftlichen Willens
eher von Skepsis geprägt. Seine Parteienprüderie
verstärkte sich noch, als die demokratischen Kräfte
in den ersten Wahlen im Dezember 1993 keine
Mehrheit erlangten und sich in der Duma ein
diffuses Kräfteverhältnis ergab. Jelzin zog es deshalb vor, ein Präsidialkabinett ohne parlamenta-
rische Verankerung zu bilden.
Dieser fatale Schritt machte Schule bis zum heutigen Tag. Darüber hinaus leistete der Verzicht
auf eine dem Parlament wie der Gesellschaft gegenüber verantwortliche Regierung dem ebenfalls bis heute bestehenden Missstand Vorschub,
dass politische Parteien weitgehend zu künst-

lichen Kreationen von oben verkamen, die in der Gesellschaft weder Respekt noch Verankerung finden.

Die einseitige und irreführende Auslegung und Handhabung der Verfassung als vorgeblich präsidentielles System war nicht nur durch die widrigen Entstehungsbedingungen der Verfassung und durch die Schwäche der Parteien begründet. Ebenso stark fiel ins Gewicht, dass es den Vorstellungen der obrigkeitsstaatlichen politischen Kultur im Lande entsprach, der Nummer eins im Staate eine alles überragende Autorität zuzumessen. Jelzin machte geltend, dass man in Russland »an Zaren und Führer gewöhnt« sei und dass es gerade jetzt, wo es um die grundlegende Umgestaltung von Staat, Gesellschaft und Wirtschaft ging, darauf ankomme, die Führungskraft in einer starken Präsidentschaft zu bündeln. Im gleichen Sinne meinte Putin später, dass die Ausrichtung auf einen »superzentralisierten Staat« praktisch »im genetischen Code, in den Traditionen und in der Mentalität« des russischen Volkes begründet sei.

Zweifellos waren alle drei Führungsfiguren Gorbatschow, Jelzin und Putin nachhaltig von ihrer sowjetischen Sozialisation beeinflusst. Bei Gorbatschow und Jelzin kamen noch die besonders starken Prägungen durch ihre Tätigkeit in hohen und höchstrangigen Parteiämtern hinzu. Für Jelzin und viele vorgeblich »demokratische« Amtsträger im postsowjetischen Russland galt das geflügelte Wort, dass »Iljitsch Lenin zwar die KPdSU verlassen hat, doch die KPdSU nicht den Iljitsch«.

Während Gorbatschow lange damit rang, diese mentale Hypothek abzustreifen, schüttelte Jelzin das ideologische Erbe schnell ab. Freilich fiel es ihm schwer, die autoritären Attitüden eines ehemaligen Gebietsparteisekretärs abzulegen, was er selbst mehrfach einräumte. Im postsowjetischen Russland legte es Jelzin in erster Linie darauf an, gegenüber den Kommunisten die Oberhand zu behalten.

Mitte der neunziger Jahre war diese Option keineswegs sicher, ergaben doch die zweiten Parlamentswahlen im Dezember 1995, dass Kommunisten und Nationalisten in der Duma weiterhin vorherrschten. Vor diesem Hintergrund ging es den Regierungskräften ebenso wie den wegen ihres auch politisch weitreichenden Einflusses »Oligarchen« genannten neuen Großunternehmern darum, alle manipulativen Hebel in Bewegung zu setzen, um zumindest den Ausgang der 1996 anstehenden Präsidentenwahlen in ihrem Sinne zu bestimmen. Tatsächlich markierten diese Präsidentenwahlen die eigentliche Geburtsstunde der später so genannten »gelenkten Demokratie«. Denn damals bündelten die elektronischen wie die Printmedien weiterhin

die mächtigen »Oligarchen« und die neuen PR-Strategen, »Polittechnologen« genannt, ihre ganzen Anstrengungen, um den fast absehbaren Sieg des Kommunisten Sjuganow zu vereiteln. Neben den 1996 erfolgreich getesteten Rezepten zur Gängelung des politischen Wettbewerbs hatte Jelzin für seinen Nachfolger noch andere Hinterlassenschaften bereit. Es handelte sich um den »oligarchischen Kapitalismus« und die damit verknüpfte »kompetitive Oligarchie«. Beide Begriffe waren dem Umstand geschuldet, dass die Privatisierung der sowjetischen Großunternehmen einen kleinen Kreis mächtiger Industriekapitäne und deren Lobbys und Netzwerke entstehen ließ, die sich eng mit den staatlichen Strukturen vernetzten. Ganze Seilschaften aus Unternehmern und Vertretern der staatlichen Bürokratie wetteiferten um die Filetstücke der Sowjetwirtschaft. Während ein namhafter Soziologe dieses Phänomen eine »kompetitive Oligarchie« nannte, sprachen andere von der »Privatisierung des Staates«. Vergleichende Politologen sahen in Russland wie in anderen Transformationsländern einen typischen Staatsraub (state capture) am Werk.

Ungeachtet des florierenden »oligarchischen Kapitalismus« und der erfolgreichen erstmaligen Praktizierung von Methoden aus dem Textbuch »gelenkter Demokratien« blieben unter Jelzin zentrale Grundvoraussetzungen des politischen Wettbewerbs gewahrt und verfügten die Medien über große Freiräume. Einen wesentlichen Unterschied zur Präsidentschaft Putins machten die in den neunziger Jahren intakten gewaltenteiligen Mechanismen aus. Sie kamen in dem Verhältnis von Parlament und Präsident sowie von Zentrum und Regionen zur Geltung. Ihre Wirksamkeit verhinderte eine Gleichschaltung aller Staatsgewalten und eine »Vertikale der Macht« im Sinne einer strikten bürokratischen Befehlskette von oben nach unten.

Aufs Ganze gesehen ließen sich die bisweilen ungestümen Herrschaftsexperimente und die an Anarchie grenzenden Verhältnisse der Ära Jelzin noch unter den Begriff der Demokratie, wenn auch nur einer »defekten Demokratie«, subsumieren. Dieses System ging allerdings mit einem denkbar großen »Defekt« zu Ende.

Er bestand in dem manipulierten Machttransfer, mit dem die berühmt-berüchtigte »Kremlfamilie« den unbekannten früheren KGB-Obersten Wladimir Putin auf den vorzeitig frei gemachten Präsidententhron hievte. Eine ganze Heerschar von »Polittechnologen« sorgte dafür, dass gleichzeitig die neue Kremlpartei »Einheit« in die Duma einzog, und sie bereitete ebenso zielstrebig wie erfolgreich die Volkswahl des Interimspräsidenten Putin im März 2000 vor. Siegesfanfaren aus dem erneut entbrannten Krieg in Tschetschenien begleiteten den Triumphzug Putins in den Kreml. Die von einer US-amerikanischen Journalistin auf dem Weltwirtschaftsforum in Davos im Februar 2000 aufgeworfene Frage »Who is Mister Putin?« fand lange keine klare Antwort. Die Parolen am Vorabend der Präsidentenwahlen Ende März 2000 hatten für jede Wählerschicht ein attraktives Angebot. In erster Linie wurde Law and Order versprochen, aber auch Demokratie, ein Sieg in Tschetschenien und die regelmäßige Auszahlung der Löhne. Putin wurde also gleichzeitig als liberaler Bannerträger und als autoritärer Führer präsentiert. Kritische Geister mokierten sich über die unvereinbaren Vorspiegelungen. Sie sahen in Putin eher einen »Napoleon-Verschnitt«, ein »unidentifiziertes Objekt« oder ein schwarzes Feld wie auf den Bildern von Kasimir Malewitsch. Aufgrund seiner Biografie und seines Selbstverständnisses verkörperte Putin eine Persönlichkeit dieses Typs: ein gehorsamer Soldat, ein zuverlässiger Bürokrat, ein sowjetischer Patriot, ein wachsamer und – zuletzt an der Spitze des FSB, des Nachfolgers des KGB – ein allwissender Geheimdienstler. Mit diesen Eigenschaften empfahl sich Putin als idealer Kandidat für die Nachfolge im Präsidentenamt, konnte er doch für die Sicherheit des Oberhaupts der »Familie« sorgen und weitere Bedingungen des manipulierten Machttransfers respektieren. Dazu gehörte ganz offensichtlich, dass bis auf Weiteres die Grundprinzipien des »oligarchischen Kapitalismus« nicht angetastet sowie größere Teile des Jelzin'schen politischen Führungspersonals übernommen wurden.

Putin erwies sich als ein gelehriger Schüler Jelzins, insofern er dessen wirtschaftsliberale Zielsetzungen aufgriff und die Verfassung im Sinne eines präsidentiellen Systems auslegte. In dieser Version war jedoch für gewaltenteilige Strukturen oder Vetoakteure kein Platz mehr. Sie wurden konsequent zugunsten einer vollständigen Gewaltenkonzentration abgebaut. Nicht zufällig tauchte prompt zu Putins Machtantritt die von einem Publizisten geprägte Formel der »gelenkten Demokratie« auf. Die »Vertikale der Macht« wurde zum Fetisch dieses neuen Systems. Law and Order und »Diktatur des Rechts« wurden die gängigen Losungen. Demgegenüber erblickte man in den demokratischen Grundwerten der Meinungsfreiheit und des Meinungspluralismus sowie in politischen Gegengewichten im Parlament, in den Regionen und in einem freien politischen Wettbewerb der Parteien ein unerträgliches Risiko für die vorrangig angepeilte Stabilität und bessere Wirtschaftsleistungen.

Der Zusammenhang von Stabilität und Wirtschaftsleistung wurde als zwingend gesehen. Die schnelle Steigerung der Wirtschaftsleistung und die Verbesserung der ökonomischen Wettbewerbsfähigkeit Russlands in einer globalisierten Welt wurden wiederum als die grundlegende Voraussetzung für die erwünschte Wiedergewinnung des Status einer Weltmacht erkannt. Putins wiederholt propagierter Wunsch, das Bruttoinlandsprodukt bis 2010 zu verdoppeln, wurde schon während seiner ersten Amtszeit als eine Art neuer »nationaler Idee« und als maßgebliche »Vision« der Transformation ausgegeben.

Dazu fügte es sich gut, dass ihm in den letzten Jahren dank des hohen Ölpreises auf den Weltmärkten und der gestiegenen Nachfrage nach Erdöl wie Erdgas das Prestige eines internationalen Akteurs und der Rang einer »Energieweltmacht« Russland zusammen mit Unsummen von Petrodollars praktisch in den Schoß fielen. Auf diese Weise erfüllte sich der lange gehegte Wunsch der Kremlführung nach Wiedererringung des Großmachtstatus. Der Energiebonus wirkte als Ersatz für das verloren gegangene Sowjetreich, welchen Verlust Putin in seiner Rede an das Parlament im Frühsommer 2005 als »die größte geopolitische Katastrophe des 20. Jahrhunderts« eingestuft hatte.

Nach sechseinhalb Jahren Präsidentschaft Putin erhärteten sich die Errichtung eines starken Staates und die Wiedergewinnung des Weltmachtstatus als die vorrangigen Zielsetzungen der Systemtransformation. Im Russischen stehen dafür die nur schwer zu übersetzenden Begriffe der *gossudarstvennost* und *derzavnost*. Letztlich konnte es nicht überraschen, dass der Geheimdienstler Putin nach siebzehn Jahren Schulung im KGB den mentalen Fesseln dieser Institution verhaftet blieb.

Hinzu kommt, dass beträchtliche Teile seines politischen Personals ebenfalls den Sicherheitsorganen entstammen und sie allesamt weitaus stärker von den sowjetischen Idealen geprägt sind als Jelzins wirtschaftsliberale »Jungreformer«.

Die Vorstellungen, die Putin und seine »Silowiki«[14] vom starken Staat vertreten, waren mit dem aus der Jelzin-Zeit geerbten »oligarchischen Kapitalismus« unvereinbar. Das neue Ziel bestand vielmehr darin, die Kommandozentralen in den als »strategisch« definierten Feldern der Wirtschaft wie den Energie- und Rüstungsunternehmen dem Staat zurückzugewinnen. Dabei sekundierten die in die »Machtvertikale« fest eingebundenen Justizbehörden der politischen Führung nach Kräften.

[14] »Silowiki« werden Regierungsmitglieder genannt, die im Geheimdienst gearbeitet haben und für starke Eingriffe des Staates in die Wirtschaft plädieren.

Der erste Schlag galt den beiden Medienmogulen Boris Beresowski und Vladimir Gussinski, die ins Ausland abgedrängt wurden. Mit dem Gerichtsverfahren gegen den Ölmagnaten Michail Chodorkowski wurde ein besonders spektakuläres Exempel statuiert. Es zwang die verbliebenen »Oligarchen« in die Knie und in die Botmäßigkeit des Kreml. Putins Mandarine zogen als die neuen Aufsichtsratsvorsitzenden in die lukrativen Schlüsselindustrien ein. Sprach man früher vom »state capture« durch das »business«, so passt auf die heutigen Verhältnisse das umgekehrte Bild vom »business capture« durch den Staat. Stephen Kotkin von der Princeton University zufolge hat sich Russland von einem Staat, der zur Beute zweifelhafter Geschäftsinteressen geworden war, in eine Wirtschaftswelt verwandelt, die Beute eines »zweifelhaften« Staates wurde.

Zu dem Bild vom »zweifelhaften« Staat gehört vor allem die systematische Missachtung aller Voraussetzungen für eine funktionsfähige Demokratie. Dies beginnt damit, dass die Verbindlichkeit der Verfassung faktisch verloren gegangen ist. Die in ihr verankerten politischen Grundfreiheiten werden nicht respektiert. Davon sind vornehmlich die Meinungsfreiheit und der Medienpluralismus betroffen, aber auch der Föderalismus und die in der Verfassung ausdrücklich genannte politische Vielfalt und das Mehrparteiensystem. Diese Werte werden in der politischen Praxis allenfalls simuliert, um nach außen dem Anschein von Demokratie Genüge zu tun. Tatsächlich sind die Fernsehkanäle fest in staatlicher Hand. Die wenigen regierungskritischen Printmedien bedienen eine recht kleine Leserzahl, und dies vornehmlich in den Großstädten.

Bekannte Flaggschiffe einer kritischen öffentlichen Meinung wie »Kommersant« und »Komsomolskaja Prawda« werden gegenwärtig von Gazprom-Media oder diesem Appendix der Kremlmacht nahestehenden Industriekapitänen aufgekauft. Zu den letzten Inseln von Meinungsfreiheit und kritischem Bürgermut zählt die »Nowaja Gaseta«, deren bekannteste Vorkämpferin gegen Menschenrechtsverletzungen in Tschetschenien wie gegen Korruption und Inkompetenz der russischen Behörden im vorgeblich »starken Staat«, Anna Politkowskaja, am 7. Oktober 2006 für ihr Heldentum mit dem Leben bezahlen musste.

Im Unterschied zu Gorbatschow und Jelzin, die genuine Politiker waren, sich in der Öffentlichkeit für ihre Ziele starkmachten und mit ihren politischen Gegnern auseinandersetzten, zieht der ehemalige »KGBtschik« Putin die geheime Kabinettspolitik und das Spiel der Intrige wie der Vertuschung seiner nicht selten als »spezielle Operationen« (spetsoperatsii) nach Geheimdienstlermuster angelegten politischen Initiativen vor. Schon aus diesem Grunde erträgt Putin im Unterschied zu seinen Vorgängern öffentliche Kritik nur sehr schwer. Wiederholt räumte er ein, mangels einer typischen politischen Karriere und mangels eigener Ambitionen auf ein hohes Staatsamt kein Politiker zu sein. Er bezeichnet sich mit Vorliebe als »angestellter Manager« Russlands – eine Selbstbeschreibung, die seiner technokratischen Begabung nahezukommen scheint.

Putin ist freilich insofern ein in der Öffentlichkeit stehender Politiker, als sein positives Image täglich die Bildschirme des staatlichen Fernsehens besetzt und er selbst dieses Medium wiederholt dazu nutzt, sich gleich einem fürsorglichen Zaren mit dem ganzen Volk auszutauschen. Diese im Grunde atavistische Form des Dialogs zwischen Herrscher und Beherrschten hat allerdings wenig mit moderner politischer Kommunikation zu tun. Ein kompetitiver Konfliktaustrag mit oppositionellen Kräften entfällt ganz, da diese auf vielerlei Weise unterdrückt werden und im staatlichen Fernsehen gar nicht erst auftauchen.

»Der Westen soll noch stärker die Menschenrechte anmahnen. Bei allem Verständnis für Kompromisse frage ich, ob Russland auf eine Demokratie zusteuert. Ich denke nein! Russland fällt Schritt für Schritt in ein autoritäres Imperium zurück. Das Schlimmste, was uns passieren kann, ist die Gleichgültigkeit des Westens, wenn ihn außer Öl und Gas nichts interessieren würde … Der russische Schriftsteller Vladimir Nabokov sagte einmal: Demokratie ist, wenn das Abbild eines Präsidenten nicht größer ist als die Briefmarke. Bei uns wird es so schnell nicht so weit kommen.«

Wladimir Sorokin, zeitgenössischer Literat Russlands, im SPIEGEL-Interview

Das Hauptmerkmal des Systems Putin ist zweifelsohne die Tendenz, das ganze öffentliche Leben unter strengster Kontrolle zu halten. Davon zeugt die Aufsicht über die Medien ebenso wie die Abschaffung der Volkswahl der Gouverneure oder das unermüdliche Streben der Kremlregisseure, politische Parteien nur als kontrolliertes Beiwerk von Legislative und Exekutive zu behandeln. Die Parteienprüderie hat sich ungeachtet der Tatsache, dass die vorgeblich regierende Partei »Einiges Russland« bei den letzten Duma-Wahlen eine verfassungsgebende Mehrheit von zwei Dritteln an Parlamentssitzen errungen hatte, so sehr verstärkt, dass diese weiterhin von der Regierungsbildung ausgeschlossen blieb. Und im Gegensatz zu Jelzins Sorge, eine neue Art von Präsidentenpartei würde über kurz oder lang der KPdSU ähneln, wird das »Einige Russland« heute genau als solche geklont.

Außerdem ist die Kremladministration unermüdlich dabei, das politische Parteienfeld weiter umzupflügen und immer wieder neue Parteien zu kreieren. Zu den jüngsten Initiativen gehört die Schaffung einer zweiten vorgeblich linkszentristischen kremltreuen Partei »Gerechtes Russland«. Sie wurde durch eine Zusammenlegung der »Partei des Lebens«, der »Pensionistenpartei« und der Partei »Heimat« (Rodina) gegründet, um – wie es hieß – als »zweites Standbein« der Gesellschaft zu dienen und einen kontrollierten Wettbewerb mit der bestehenden Kremlpartei »Einiges Russland« in Gang zu bringen. Es wundert wenig, dass der Volksmund die neue Partei als »das Leben der Pensionisten in der

Heimat« persiflierte. Um die Kremlparteien mit Programmen und Aktionsplattformen auszustatten, die sie den Wählern näherbringen könnten, werden regelmäßig in zwei Dritteln aller Provinzen die maßgeblichen Petita und Gravamina der Bevölkerung durch ein vom Staat beauftragtes Meinungsforschungsinstitut abgeschöpft.

All diese Maßnahmen drängen dem Beobachter die skeptische Frage auf, wie effizient auf die Dauer ein so künstlich konstruiertes Verhältnis von Staat und Gesellschaft überhaupt sein kann. Da jedes politische System und jede Wirtschaftsordnung auf gesellschaftliche Rückkoppelung zwecks Innovation und Stabilität angewiesen ist, erscheinen die genannten Maßnahmen des kontrollierten politischen Wettbewerbs wie des Apparatschik-Kapitalismus eher prekär.

Hinzu kommt, dass sich der eigentliche politische Pluralismus zwischen den informellen Einflussgruppen hinter den Kremlmauern abspielt. Die Konturen dieser Seilschaften leiten sich von der unterschiedlichen Rekrutierung des politischen Personals aus Putins Heimatstadt Sankt Petersburg ab. Je nachdem ob Putin ehemalige Kollegen und Freunde aus seinen Studienkreisen, aus den »Diensten« (KGB) oder der Stadtverwaltung nach Moskau holte, lassen sich »Liberale«, »Juristen« oder »Silowiki« unterscheiden, die sich mittlerweile in ein unübersichtliches Feld von Ober- und Untergruppen aufgegliedert haben. Sie vertreten unterschiedliche Interessen und Ideale, stimmen jedoch in ihrer persönlichen Loyalität mit dem Präsidenten überein. Im Vorfeld des für 2008 anstehenden Machtwechsels im Kreml verschärfen sich jedoch die Diadochenkämpfe und werden die in der Regel als Kampf der Bulldoggen unter dem Teppich ausgetragenen Auseinandersetzungen heute stärker sichtbar.

Einziger Schiedsrichter in dem grundsätzlich intransparenten und ungeregelten Austrag ordnungs- wie machtpolitischer Konflikte ist der Präsident selbst. Seine Funktion als Dompteur wird jedoch angesichts seiner herannahenden Ablösung immer schwieriger. Die Stabilität des Systems, das auf der persönlichen Zustimmung der Bevölkerung zu Präsident Putin beruht, während alle anderen verfassungsmäßigen Einrichtungen nur sehr wenig Vertrauen genießen, scheint daher nur begrenzt tragfähig.

Auch wenn heute die höchsten politischen Amtsträger und der Generalstaatsanwalt die Ineffizienz wie die wachsende Korruption auf allen Ebenen der staatlichen Macht beklagen, scheint es ausgeschlossen, das System mit den Mitteln der »gelenkten Demokratie« zu kurieren. Letztlich wird der Staat selbst zum Opfer seiner eigenen Methoden der Strangulierung öffentlicher Politik. Politische Intrigen und Abrechnungen zwischen den informellen Klans und ihren ebenso wenig berechenbaren wie sichtbaren und womöglich kriminellen Subgruppen bieten keine Abhilfe, im Gegenteil. Verschwörungstheorien und wilde Spekulationen über etwaige Zusammenhänge zwischen Diadochenkämpfen und Auftragsmorden schießen ins Kraut.

Es sind Symptome des Niedergangs eines Systems, in dem Law and Order nur vorgegaukelt wird, in Wirklichkeit jedoch der Weg zu einer auf Rechtsstaat und demokratischen Verfahren beruhenden Ordnung systematisch verschüttet ist.

Harald Loch

Russland im Herbst
Politkowskaja und ihre politische Literatur

Das aufsehenerregende Buch »Tschetschenien.
Die Wahrheit über den Krieg« beschreibt nicht
nur authentisch und aus eigener Anschauung den
Alltag in Tschetschenien. Anna Politkowskaja
benennt auch die Auswirkungen in Russland selbst,
die Aushebelung der ohnehin gefährdeten Pressefreiheit, die Zerstörung der Ansätze von Rechtsstaatlichkeit, das Anfachen rassistischer Ausschreitungen gegen Tschetschenen und alles
Kaukasische, die Diskreditierung jeglicher Zivilgesellschaft. Besonders nach der Geiselnahme
während der Aufführung des Musicals »Nordost« im Moskauer Dubrowka-Theater wurden
Zensur und polizeistaatliche Methoden wieder
eingeführt: »Russland im Herbst«. Jeder Vorwand sei Putin willkommen, sein System der
»gesteuerten Demokratie« zu zementieren. Die
»Gleichschaltung« der russischen Gesellschaft
sei in empörender Übereinstimmung mit großen
Teilen der Bevölkerung erfolgt. Öffentliche
Kritik am »zweiten Tschetschenien-Krieg«

findet – im Gegensatz zum ersten während der Jelzin-Ära – praktisch nicht mehr statt.

Die Autorin klagt aber auch den Westen an, der sich um die Achtung der Menschenrechte in Tschetschenien nicht kümmere. Putin sei in Deutschland angesehen, weil er so gut Deutsch könne. Zwischen Bush und Putin herrsche inzwischen dicke Freundschaft, weil der eine den anderen Bagdad und umgekehrt Bush den russischen Präsidenten Grosny bombardieren lasse. Ein »J'accuse«[15] der mutigen russischen Journalistin gegen die Gleichgültigkeit und die eigennützige Kumpanei im Weltmaßstab, ein Ausrufezeichen im Kampf um die Menschenrechte überall, ein Zeugnis von kompetentem und von hohem Berufsethos getragenem Journalismus. Ihr Buch beeindruckt durch eine unmittelbare Berichterstattung von der Basis aus, also aus dem Munde der betroffenen Menschen. Dabei verliert sie

[15] Émile Zola war ein politisch engagierter, um Reformen bemühter Schriftsteller im Frankreich des 19. Jahrhunderts. Sein Artikel »J'accuse« (Ich klage an) in der Dreyfus-Affäre hatte die Wiederaufnahme des Verfahrens zum Ziel und wollte die Haftentlassung erreichen. Der Artikel führte zur späteren Rehabilitierung des angeklagten Offiziers Alfred Dreyfus, der falsch angeklagt war.

sich nicht in Leidens-Anekdoten, sondern fügt das Ganze zu einem Schreckensbild zusammen, das an den Dreißigjährigen Krieg erinnert.

Die Zustände im Gesundheitswesen, in der Volksbildung, der Ernährung oder auf dem Gebiet der Menschenrechte ähneln denen in Deutschland vor dem Westfälischen Frieden durchaus. Leider war ein Frieden damals genauso wenig in Sicht wie heute, er steht bei den Offiziellen nicht einmal auf der Tagesordnung.

Immerhin war der den Menschenrechten verpflichtete Teil der Weltöffentlichkeit aufgerüttelt, und Anna Politkowskaja hatte einen großen Anteil an dieser neuen Aufmerksamkeit. Im Oktober 2003 wurde ihr der seinerzeit zum ersten Mal verliehene Reportage-Preis »Lettre Ulysses Award« (50.000 Euro) für ihre Berichterstattung aus Tschetschenien zuerkannt. Die deutsche Ausgabe der Literaturzeitschrift »Lettre International« hatte diesen Preis ausgelobt. Die internationale Jury stellte damals in Berlin ihre Entscheidung vor: Herausragende Reportagen, die »hinter den Spiegel der Massenmedien blicken«, sollten jährlich geehrt werden. Der literarischen Reportage soll damit eine neue Aufmerksamkeit zuteil werden und sie auf solche Vorgänge lenken, die vor dem Hintergrund der Globalisierung vergessen werden könnten. Der zweite Preis ging 2003 an den somalischen Autor Nurrudin Farah für seine wiederholte Behandlung des Themas der somalischen Flüchtlinge – auch hier ein scheinbar regionaler Konflikt, der die Weltgemeinschaft der zivilisierten Nationen auf den Plan rufen sollte.

Die Preisverleihung an Anna Politkowskaja erfolgte in engem zeitlichem Zusammenhang mit den fragwürdigen Wahlen Anfang November 2003 in Tschetschenien. Aus ihnen ging der von Russland eingesetzte Verwaltungschef Kadyrow als Sieger hervor. OSZE und Europarat bewerteten die Wahlen damals als unfair und vom Kreml gesteuert.

Fünf Monate später fiel Kadyrow einem Bombenanschlag zum Opfer, zu dem sich der Rebellenführer Bassajew bekannte. Immer wieder kamen sich nationalistische und islamistische Rebellen ins Gehege – weder die in sich weiter zersplitterten separatistischen Gruppierungen noch die russischen Truppen konnten das Land unter ihre Kontrolle bringen. Alles ging immer wieder auf Kosten der Zivilbevölkerung. Die Erschießung des nationalistischen Rebellenführers Maschadow am 8. März 2005 hielt Politkowskaja für ein großes Unglück und einen großen politischen Fehler der russischen Seite. Er habe wenigstens die Regeln des Kriegsrechts anerkannt. Nach ihm würden Hardliner das Sagen haben und den Terrorismus nur noch verstärken.

Der Schlüssel zur Beendigung des Krieges und des Terrors gegenüber der Zivilbevölkerung liegt nach wie vor in Russland. Ohne Druck von außen passierte dort aber nichts, und Anna Politkowskaja setzte ihre Kampagne für ein ziviles Russland, das den Menschenrechten Geltung verschaffen soll, trotz aller Anfeindungen fort. Der rote Teppich wird zum Teppich der Schande, wenn Anna Politkowskaja über die Wertschätzung Putins in der westlichen Welt spricht. »Russland ist nicht nur Gas und Öl«, beschwor die damals 46-jährige Moskauer Journalistin ihre Zuhörer. Einen russischen Verlag hatte sie für ihr sehr kritisches und sehr polemisches, bisher in zwölf Sprachen übersetztes Buch »In Putins Russland« noch nicht gefunden. Man verhandelte gerade über eine russische Ausgabe in einem finnischen Verlag.

Die Autorin hatte sich in der Vergangenheit bereits als besonders engagierte und – auch aus nicht gleichgeschalteten Quellen des russischen Inlandsgeheimdienstes – stets glänzend informierte Kriegs- und Hintergrundreporterin über den Tschetschenien-Krieg einen großen Namen gemacht. In ihrem zweiten auf Deutsch erschienenen Buch versuchte sie keine systematische Darstellung der russischen Gesellschaft unter Putin. Sie entlarvt vielmehr in selbst recherchierten Fallberichten das autokratische System Putin: Die »Vertikale« mit Putin an der Spitze ist das tragende Konstruktionselement in einer nicht demokratischen Gesellschaft der Unfreiheit, der Korruption und der Gewalt. Vor allem die käufliche und abhängige Justiz, die Oligarchen-Mafia und das bestechliche Geflecht aus »Nomenklatura« und »Zentralverwaltung« sitzen auf der Anklagebank der leidenschaftlichen Journalistin. Sie schildert konkrete Fälle von Übergriffen und zynischer Missachtung der Rechte Einzelner wie ganzer Bevölkerungsgruppen durch eine nicht Recht und Gesetz verpflichtete Verwaltung. Und sie zeigt auf, wie alles mit System auf die Staatsspitze Putin ausgerichtet ist.

Der Philosoph und Mitarbeiter an der Moskauer Akademie der Wissenschaften Michail Ryklin sieht einen engen Zusammenhang zwischen dem Krieg in Tschetschenien und der hoffnungslosen Zerstörung der Ansätze für eine russische Zivilgesellschaft. Die bestehe nur noch aus winzigen Resten. Die zweitausend Menschen, die Anna Politkowskaja das letzte Geleit gaben, seien so etwas wie das letzte Aufgebot im Kampf gegen die »gelenkte Demokratie« Putins, für die die Ermordete so drastische Beispiele selbst recherchiert und veröffentlicht hat.

In einem fast gespenstisch anmutenden analytischen Fallbericht führt Ryklin mit Klarsicht die von Anna Politkowskaja in ihrem Buch »In Putins Russland« begonnene konkrete Anklage gegen das Regime fort: Eine Kunstausstellung unter dem Motto »Achtung, Religion!« findet statt. Kurz nach der Eröffnung wird sie verwüstet. Die Täter werden freigesprochen, die Künstler mit Strafprozessen überzogen und zum Teil auch verurteilt. So geschehen in Moskau im Jahr 2003. Die Ausstellung fand im Sacharow-Zentrum statt, dem einzigen Gebäude der Stadt, an dem bis heute der Protest gegen den Tschetschenien-Krieg sichtbar angebracht ist.

Im Verlag des Sacharow-Zentrums war Politkowskajas Tschetschenien-Buch 2002 erschienen.
Michail Ryklin hat den skandalösen Prozess gegen
die Freiheit der Kunst verfolgt und analytisch
kommentiert – sein Buch ist 2006 bei Suhrkamp
auf Deutsch erschienen. Gemeinsam mit Gerd
Koenen erhält er den Leipziger Buchpreis zur
Europäischen Verständigung für seinen Essay
»Mit dem Recht des Stärkeren. Russische Kultur
in Zeiten der ›gelenkten Demokratie‹«, in dem er
den Zerfall von Demokratie und Aufklärung im
heutigen Russland analysiert.
In seiner Analyse weist er auf die Zusammenarbeit zwischen Kirche und Geheimdiensten hin.
Die Randalierer wurden als Messdiener der orthodoxen Kirche erkannt. Übrigens hat sich auch das
Oberhaupt der russischen Protestanten gegen die
Ausstellung ausgesprochen. Die wörtliche Übersetzung des russischen Originaltitels lautet »Haken-
kreuz, Kreuz und Stern«!
Die Übergriffe konnten nicht verhindert werden,
weil in Russland inzwischen jegliche Zivilcourage
geschwunden ist. Höchstens zwei Dutzend Besucher hatten die Ausstellung bis zu ihrer Ver-
wüstung gesehen. Aber sie wurde wegen »Schürens

nationalen und religiösen Zwistes« geschlossen, so lautet auch das in keinem Strafgesetzbuch zu findende Delikt, dessen die Künstler angeklagt und für das einige von ihnen auch verurteilt wurden. Im Gerichtssaal wurden die wenigen Sympathisanten mit den Künstlern von fanatisierten Orthodoxen antisemitisch angepöbelt. Ryklin, dessen Ehefrau auch angeklagt war, hat den Prozess beobachtet und minutiös dokumentiert. An einem wirklichen Fallbeispiel entwickelt er mit den Methoden der politischen Philosophie aus den konkreten und absonderlichsten Einzelheiten ein allgemeingültiges Gegenwartsbild der um jede zivile Kontrollinstanz beraubten russischen Gesellschaft. Außerdem ist sein Buch ein erschreckendes Beispiel für das Fehlschlagen der Rezeption moderner Kunst unter autokratischen Bedingungen: »entartete Kunst« auf Russisch! Die Interpretationshoheit hinsichtlich moderner Kunst beanspruchen die staatlichen Stellen. Was nicht ihrem Banausentum zum Opfer fällt, wird dem leicht mobilisierbaren Pöbel der Straße anheimgegeben oder einer nationalistischen Ideologie. Ryklin sieht die Gefahr eines neuen Faschismus russischer Prägung: nach dem Mord an Politkowskaja ein weiterer Alarmruf aus Russland selbst – ein tiefsinniger Prozessbericht. Im Gespräch sagt er, dass eine Änderung ohne ein Ende des Krieges in Tschetschenien nicht vorstellbar sei, weil in seinem Gefolge die Meinungs- und Pressefreiheit in Russland so weit zurückgedrängt werde, dass es nicht einmal mehr Ansätze für eine kritische Öffentlichkeit gebe. Die Ermordung Anna Politkowskajas sei deshalb eine Katastrophe für das ganze Land – dessen seien sich hier nur wenige bewusst.

»Die Personen aus meinem ersten Tschetschenien-Buch sind inzwischen alle tot«
Anna Politkowskaja im Gespräch

Sie warnen vor dem roten Teppich, den der Westen vor Putin ausrollt. Warum verbeugen sich Ihrer Meinung nach Chirac, Schröder und auch George W. Bush vor dem russischen Präsidenten?

Wie immer sind es Gas und Öl. Russland ist ein riesiges Land mit riesigen Reserven. Wie schon gegenüber der arabischen Welt verschließt der Westen auch gegenüber Putins Russland die Augen vor dem Zustand im Innern des Reiches. Zwar haben etwa siebzig Prozent der Russen Putin gewählt. Ziehen wir zwanzig Prozent für Fälschungen ab, bleibt immer noch eine Mehrheit. Aber was heißt das in einem Land ohne Pressefreiheit, ohne funktionierende Opposition, in einem Land, in dem die Korruption legalisiert und die Justiz bestechlich oder gelenkt ist? Die demokratischen Kräfte in Russland können nur auf Hilfe von außen hoffen – Hilfe, die zunächst einmal darin bestehen müsste, Putin nicht auch noch zu hofieren. In Ihrem Land kommt Putin gut an, weil er so gut Deutsch kann – bei uns sterben dafür Menschen!

Sie sprechen von fehlender Pressefreiheit. Kritischer als Sie und die »Nowaja Gaseta«, für die Sie schreiben, kann man ja kaum berichten. Sie schrecken in Ihrem Buch »In Putins Land« auch nicht vor ganz persönlichen Angriffen zurück. Ist das nicht ein Zeichen von Freiheit?

Wir leben bei der Zeitung von der Hand in den Mund. Das Blatt existiert wie alle Zeitungen in erster Linie von Werbung. Die durchläuft in Russland ein Genehmigungsverfahren in der Präsidialadministration. Von dort kamen kürzlich zwei Männer zu uns und haben uns ein Angebot unterbreitet: Wenn wir ein Jahr auf unsere kritische Berichterstattung aus Tschetschenien verzichten, würde man uns bei der Verteilung des Werbekuchens angemessen berücksichtigen. Natürlich können wir auf so etwas nicht eingehen. Aber wir können ohne Werbung auch nicht überleben. Das ist unsere Pressefreiheit.

Im Westen haben vor allem der Fall Chodorkowski und die Zerschlagung seines Ölkonzerns Yukos für Schlagzeilen gesorgt. War der Superreiche nicht auch ein Oligarch?

Natürlich war Chodorkowski ein Oligarch. Er gehörte der ersten Generation, der Jelzin-Generation, an. Seit einiger Zeit werden bei uns die Jelizin-Oligarchen gegen Putin-Oligarchen ausgetauscht. Chodorkowski hatte den »Fehler« begangen, die demokratischen Organisationen der Opposition und Menschenrechtsorganisationen zu unterstützen. Das kostete ihn die Freiheit und sein Unternehmen, das übrigens fünf Prozent des russischen Bruttoinlandsprodukts erwirtschaftete. Bei der Zerschlagung von Yukos hat dann die Dresdner Bank in besonders schändlicher Weise geholfen. Sie hat die Mittel für den Ankauf des Kernunternehmens durch eine bis dahin völlig unbekannte Gesellschaft verdeckt zur Verfügung gestellt. So verhält sich der Westen: zahnloser Protest gegen die Inhaftierung Chodorkowskis und unter der Hand die Finanzierung der Zerschlagung seines Unternehmens!

Ihr Hauptaugenmerk gilt Tschetschenien. Um den Tod des als gemäßigt eingestuften Rebellenführers Maschadow ranken sich Legenden. Was hat sich danach verändert?
Nach meinen vertraulichen Informationen aus dem Inlandsgeheimdienst FSB wurde Maschadow von einer Moskauer Spezialeinheit dieses Dienstes gezielt ermordet. Das ist eine Katastrophe; denn

er war die einzige tschetschenische Autorität, mit der man über Frieden hätte verhandeln können. Maschadow führte Krieg nach den völkerrechtlichen Regeln. Das schließt immer auch die Möglichkeit von Frieden ein. Sein einzig denkbarer Nachfolger ist ein Hardliner, der keine Regeln des Kriegsrechts anerkennt. So läuft alles auf eine neue Welle des Terrorismus hinaus, auf die wir uns gefasst machen müssen.

Sie berichten seit Jahren aus Tschetschenien, fast als Einzige. Haben andere keinen Mut oder kein Interesse an diesem Thema?

Die Personen aus meinem ersten Tschetschenien-Buch sind inzwischen alle tot. Sie haben nicht gekämpft, sie sind bei »Ausweiskontrollen« oder ähnlichen Anlässen ums Leben gekommen. Spätestens seit dem Geiseldrama wird der Konflikt mit Tschetschenien zum Anlass genommen, die bescheidenen Ansätze zu einer den Menschenrechten, der offenen Diskussion und der Rechtsstaatlichkeit verpflichteten russischen Gesellschaft zu zerstören. Der Faschist Rodosin, der die SS-ähnlichen Schutzstaffeln der russischen Rechtsradikalen gegründet hat, ist heute ein enger Berater von Putin – noch dazu in Sachen Tschetschenien.

Die Welt schaut natürlich viel eher auf den Irak als auf Tschetschenien. Die einzige Supermacht ist ganz woanders engagiert. Wie kommt Grosny auf die Agenda? Was heißt hier Bush! Sollen wir uns hinten in der Schlange der Probleme anstellen und die Menschen weiter umkommen lassen? Die »unteilbaren Menschenrechte« der amerikanischen Verfassung sind doch dreigeteilt: Menschenrechte ersten Grades gelten für die westliche Welt. Eine Halbfassung der »human rights« gilt in Ländern wie Russland. Gar nichts davon in Tschetschenien!

Das Gespräch führte Harald Loch
in Leipzig 2003 und 2005

Andrei Nekrasov

Das »coole« Gespenst des Nationalismus geht um
Ein Brief aus Russland

Demokratie schien ein problematisches Konzept, als ich mich 2003 während der internationalen Vorbereitungen auf den Irak-Krieg in London aufhielt. Zu Hause wurde ich nicht müde, das britische Modell »liberaler Demokratie« anzuführen, wenn ich mit den Anhängern des starken, »vertikalen« Staates diskutierte. Nun aber befand ich mich hier inmitten der Menschen, die ich meinen russischen Landsleuten gerne zur Nachahmung ans Herz legte, und jeder um mich herum schien nur von einem Gefühl beseelt zu sein: Missbilligung der sturen Absicht der Regierung, die Nation in den Krieg zu führen. Missbilligung, gepaart mit einem zunehmenden Maß an Resignation.

Er wird losziehen und einmarschieren, unabhängig davon, was wir denken. Das klang plötzlich sehr russisch, nur dass wir in Russland *die da oben* statt *er* sagen, was natürlich noch hoffnungsloser ist. Das gesichtslose »die da oben« ist omnipotent wie anonym, obwohl es da immer irgendwo ein

Gesicht gibt. Omnipräsent durch Fotos, Statuen, Fernsehbilder; es wird immer benutzt, wenn von denen da oben die Rede ist.

Was anschließend im Irak und in Zusammenhang mit dem Irak geschah, wurde zu einer Katastrophe für Russland, obwohl Russland vermutlich das Letzte ist, woran man in Zusammenhang mit der Katastrophe, zu der sich der Irak für den Westen entwickelt hat, denken mag. Die Anhänger des starken russischen Staates haben dadurch nun ein neues Argument: Wir sind nicht einfach nur anders und haben Anspruch auf unseren eigenen, russischen Weg, sondern wir sind auch demokratischer.

Wenn wir in den Krieg ziehen, wird dies von einer überwältigenden Mehrheit unterstützt. Wir sind auch ehrlicher. Wir verbreiten nicht skandalöserweise auf höchster Ebene eine Lüge als Vorwand, um einen unabhängigen Staat anzugreifen. Wir sind sogar weniger ideologisch indoktriniert, und das unterscheidet uns sehr stark von unseren totalitären Vorgängern, während der Westen ihnen in dieser Hinsicht immer ähnlicher zu werden scheint. Ideologie, »die Sache« und selbst Emotionen rangieren plötzlich vor Fakten und Gesetzen. Die moralisierenden Beschwörungen des Bush/Blair-

Kreuzzugs haben einen unheimlichen Prototyp in Breschnews politischen Worthülsen, mit denen sein Einmarsch in Afghanistan gerechtfertigt wurde. Kernaussage der Nachrichten aus dem Politbüro war ebenfalls, dass man die Welt besser und sicherer machen wolle. Was in starkem Kontrast steht zu den spärlichen und trockenen »Putinismen« anlässlich der »Anti-Terror-Operation« in Tschetschenien. Keine Heiterkeitsausbrüche, kein stumpfsinniges Predigen, keine pseudophilosophischen Verallgemeinerungen. Und anstelle all dessen: Erfolg.

Unschuldige Opfer im Irak, in Afghanistan, im Libanon und im Gazastreifen haben die Kriegsverbrechen in Tschetschenien irrelevant gemacht. Es gibt natürlich auch unschuldige Opfer in Israel, aber das betrifft die russischen Propagandakräfte nicht. Doch Putin selbst hat es noch nicht für notwendig befunden, zu den Konsequenzen des Irak-Kriegs Stellung zu beziehen, entweder aufgrund eines unausgesprochenen Paritätsdeals mit Bush oder im schieren Vertrauen auf seine Stärke in allen Belangen der aktuellen Weltpolitik. Und doch, im Lichte gewisser Beobachtungen und infolge einiger aktueller Geschehnisse, er-

scheint der Erfolg unseres russischen Staatsober-
haupts beunruhigend, wenn nicht gar zweifelhaft.

Putin ist in einem hohen Maß ein Geschöpf der
Medien, was vermutlich von den meisten Staats-
oberhäuptern behauptet werden kann, mit dem
Unterschied, dass der Russe von Medien ge-
schaffen wurde, die nicht frei sind. Die Natur der
fehlenden Medienfreiheit im heutigen Russland
wird im Westen ganz erheblich missverstanden.
Zunächst einmal ist das Maß an vorhandener
Freiheit heute sehr viel geringer als in den letzten
fünf Jahren des Sowjetregimes, und die Restrik-
tionen, wie sie der Gesellschaft heute auferlegt
werden, haben drastischere Auswirkungen auf
deren Entwicklung als die kommunistische Zensur
in der Periode nach Stalin. Mit der Aufgabe der
totalen Terrorherrschaft unter Chruschtschow
verschrieb sich eine kleine, aber wachsende Zahl
von Menschen der Suche nach glaubhaften Informationen. Das Regime kontrollierte weiterhin
die Presse, verlor aber seine Kontrolle über die
Köpfe der Menschen. Der KGB, die Gedanken-
polizei der Kommunistischen Partei, akzeptierte
routiniert, dass er keine Argumente gegen selbst-
lose Kritik am System hatte, und verlangte von

den Bürgern nur noch, intellektuellen Dissens auf das Privatleben zu beschränken.

Die Machthaber des heutigen Russland gehen komplett anders vor und haben in der Tat viel weniger mit dem Regime unter Breschnew gemeinsam als mit dem unter Stalin. Putin zielt darauf ab, nicht so sehr die mechanischen Beeinflussungsmöglichkeiten zu kontrollieren, indem die Lecks des maroden Gefäßes da, wo sie auftauchen, gestopft werden. Viel wichtiger ist ihm der aktive Kern der Gesellschaft, bei dem man darauf vertrauen kann, dass er alle »korrekten« Prinzipien aufrechterhält und als ideologischer Puffer zwischen der Staatsführung und den Massen dient. Einige Elemente dieses Modus Operandi werden in den Medien als Selbstzensur bezeichnet, doch dies wird dem Ausmaß des Problems kaum gerecht. Ein komplexes Netz aus Anreizen und Einschüchterung, bewusst und unbewusst, ist verantwortlich für die Aufrechterhaltung des Bildes einer Gesellschaft, die wie von künstlichen Süßstoffen gestützt erscheint. Es ist zwar greifbar materieller Wohlstand vorhanden, doch beschränkt sich dieser auf eine Minderheit, der die Aufgabe zukommt, damit der ganzen Nation einen falschen

Anstrich von Wohlstand, Freiheit und Demokratie zu verleihen.

Stalin hatte die materiellen Mittel, sich eine komplette Gesellschaftsklasse bedingungslos gehorsamer, gebildeter Helfer zu halten. Chruschtschow und Breschnew verfügten nicht über solche Mittel. Dies war eine der Voraussetzungen für das teilweise Wiederaufleben der vorrevolutionären Intelligenzija in den späten Fünfzigern, deren emanzipierte Geister sie letzten Endes auf ideologischen Kollisionskurs gegenüber der Diktatur brachten. Aber hier gab es einen entscheidenden Faktor: Der Westen mit all seiner Autorität einer humanistischen Zivilisation leistete massive geistige und materielle Unterstützung für jeden, der das Wagnis einging, frei sein zu wollen.

Die verpfuschte Demokratisierung der Neunziger war eine historische Enttäuschung für die Mehrheit der Russen – nicht nur weil sie ein System ungeahnter sozialer Ungerechtigkeit nach sich zog, sondern auch weil man das Gefühl hatte, dass der Westen mit seiner positiven Einstellung zu der neuen oligarchischen Ordnung seine humanistischen Prinzipien aufgab. Dies konnte die Abneigung des Volkes der Regierung gegenüber nur verschlimmern, was auch unter Jelzin der Fall war, doch steigende Öl- und Gaspreise machten es Putin möglich, eine Kaste prinzipienloser Marionetten zu bezahlen, die die Fähigkeit und den Willen besaßen, in einer demokratischen Farce aufzutreten und dabei aus dem staatlichen Propagandadrehbuch zu rezitieren.

Leute von dieser Sorte leben in jenem glamourösen, überteuerten Russland, das dieser Tage Besucher aus dem Ausland abschreckt. Abgesehen von einem noch kleineren Häufchen, jenen Superreichen der Neunziger, die Putins selektiven Miniputsch überlebt haben, haben viele in der Elite von 2006 ihre Reichtümer synchron mit den nach Jelzin kommenden Siegern des streng vertikalen Staates wachsen und gedeihen sehen. Dieser gewisse Doppelprozess hat erst vor sieben Jahren begonnen, als die Beliebtheitswerte der Staatsführung gegen null tendierten und der Preis einer typischen russischen Bluechip-Aktie (z. B. Norilsk Nickel) zweihundertmal niedriger war als heute. Und derselbe Prozess beinhaltete auch die groß angelegte Umstrukturierung der wichtigsten Institution politischen Einflusses in Russland – des Fernsehens, das im Endeffekt bis zur Unkenntlichkeit verändert wurde.

Einst ein obskurer Beamter aus Sankt Petersburg (wo er von respektablen unabhängigen Experten wie Marina Saliye der Korruption bezichtigt worden war), gelangte Putin zu Prominenz in Moskau, indem er eine Undercover-Operation leitete, um Jelzin, dessen Familie und Teile seiner Entourage vor der Korruptionsuntersuchung durch den Generalstaatsanwalt Skuratow (unterstützt durch Carla Del Ponte, damals Generalstaatsanwältin in der Schweiz) zu bewahren. Die Enthüllungen immenser Betrügereien stachen scharf hervor vor dem Finanzcrash von 1998, der die Menschen einmal mehr um ihre Ersparnisse gebracht und zahlreiche Unternehmen in den Bankrott getrieben hatte und einen Volksaufstand zu provozieren drohte. Putin war maßgeblich daran beteiligt, diesen aufzuhalten, angefangen damit, dass der Generalstaatsanwalt mit Prostituierten versorgt wurde (was gefilmt und im Fernsehen gezeigt wurde), bis dahin, dass man die mysteriösen Bombenanschläge auf Wohnblocks in Moskau 1999 zum willkommenen Anlass nahm, in Tschetschenien einzumarschieren, was die Aufmerksamkeit des Volkes endgültig von der Korruption ablenkte.

Seither hat sich die Korruption in Russland ver-
sechsfacht, doch ein ähnlich starker Anstieg des
Ölpreises genügt, um den häufig von Ausländern
frequentierten Orten die Aura eines Wirtschafts-
wunders zu verleihen.

Wenn Putin seinen eigenen Aufstieg zur Macht
der Rücksichtslosigkeit verdankt, mit der er sich
auf Tschetschenien gestürzt hat, ist sein Groll
gegen einige Schlüsselpositionen innehabende
Liberale der Jelzin-Ära unmittelbar mit dem Fernsehen verbunden.

Putins erstes Opfer waren Wladimir Gussinsky
und dessen berühmtes Netzwerk NTW, das es
wagte, den versuchten Bombenanschlag in Rjazan
im September 1999 zu untersuchen, der auf die
Anschläge in Moskau folgte und durch die örtliche
Polizei vereitelt wurde, als diese die Bundes-
agenten erwischte, die den Sprengstoff gelegt
hatten. Die haarsträubenden Anschuldigungen
von staatlich organisiertem Terrorismus waren so
gut begründet, dass der FSB (der neue KGB)
beschloss, seine Beteiligung nicht abzustreiten
und stattdessen zu behaupten, bei dem versuchten
Anschlag habe es sich um eine Übung gehandelt.
Die Untersuchung von NTW verdeutlichte die

Unglaubwürdigkeit dieser Behauptung. Bald nach Ausstrahlung der entsprechenden Sendung wurde Gussinsky, der Eigentümer von NTW, finanzieller Unregelmäßigkeiten beschuldigt und verhaftet.

Mein von Vanessa Redgrave produzierter und gesprochener Film über die Kinderopfer der Armee in Tschetschenien war eine der letzten unabhängigen Sendungen auf NTW. Anfang 2001 war von NTW nur noch der Name geblieben.

Dann kam die Reihe an Putins politischen Paten Beresowski und den von ihm kontrollierten Fernsehsender ORT. Beresowski, der den ORT ironischerweise anfangs noch nutzte, um für Putin zu werben, war zunehmend abgeschreckt von der autoritären Wendung seines Schützlings und billigte letzten Endes die unzensierte Ausstrahlung der Ereignisse rund um die Havarie des Atom-U-Boots Kursk. Dabei war Putin als herzloser Zyniker zu sehen. Ergebnis war, dass Beresowski knapp dem Schicksal entging, das einem anderen dissidierenden Oligarchen, Chodorkowski, zuteil wurde, während der ORT zu einer staatlichen Propagandastelle mutierte, geleitet von kriecherischen Lakaien des Präsidenten.

Es ist weithin bekannt, dass Putins Beliebtheitswerte – angegeben von staatlich kontrollierten
Quellen – unvergleichlich höher sind als die Jelzins
während des größten Teils seiner Präsidentschaft,
und dennoch wird man das Gefühl nicht los, dass
die Ursprünge von Jelzins Präsidentschaft legitim
waren, während es bei Putin nicht ganz danach
aussieht.

Und es ist genau dieses Gefühl, das einen Russen
dazu bringt, etwas zu erklären, was den Menschen
im Westen ziemliche Rätsel aufgibt: Weshalb
sollte ein scheinbar moderner und aufgeklärter,
offenbar beliebter Kerl wie Putin solche Anstrengungen auf sich nehmen, um jede freie Stimme
im Land zum Schweigen zu bringen? Weil es
Leichen im Keller der neuen Stabilität gibt.

Einem Journalisten das Leben zu nehmen heißt,
den Medien ihren Einfluss auf die Gesellschaft zu
nehmen, aber das ist nicht ausreichend, und der
Schuss kann sogar nach hinten losgehen, wie der
Mord an dem Journalisten Gongadze in der Ukraine bewies. Letzten Endes hat er die Orange Revolution herbeigeführt. Eine Ideologie, die einem
starken Staat neue Autorität verleiht und ihm die
Figur eines starken Anführers zur Seite stellt –

das war es, was gebraucht wurde, um eine Diktatur wieder zum Leben zu erwecken.

Prostaatliche politische Aktivitäten und das Anhäufen von Reichtümern sind zwei Dinge, die in Russland fast zu Synonymen geworden sind, doch selbst für die unteren Schichten der Oberklasse, Spezialisten und Geschäftsleute ohne direkte politische Beteiligung, ist das Bedürfnis, das Staatsidol zu stützen, so stark mit unmittelbarer materieller Belohnung verbunden, dass man schon von einem pawlowschen Reflex sprechen kann. Korruption ist eine häufig gebrauchte andere Bezeichnung für Russlands wichtigstes ökonomisches Prinzip, doch unter Putin ist sie untrennbar von der Korruption des politischen und sozialen Gewissens geworden, ein Schutzschild paternalistischer – »patriotischer« – Ideologie, auferlegt jedem und angenommen von jedem, der zählt. Daher dieses seltsame gemischte Gefühl, das eine empfindsame Seele auf den lichtdurchfluteten Straßen und Plätzen in Zentralmoskau überkommt: einerseits der atemberaubende Elan des Konsums, so uncharakteristisch für den immer noch in Architektur und Infrastruktur widergespiegelten sowjetischen Lebensstil, andererseits die zugrunde liegende Verhärtung des Geistes. Das kommunistische Paradox von der Unterwürfigkeit im Namen der Freiheit ist ersetzt worden durch materialistische Freiheit im Namen der Unterwürfigkeit; eine tiefgreifend missverstandene Freiheit ist dies.

Ein großer Teil davon kann dem allgemeinen Zustand des modernen Menschen zugeschrieben werden, aber es braucht einen aufmerksamen Blick, um hinter dem dünnen Drahtgeflecht internationaler Markennamen und gepflegter Erscheinungen der »neuen Russen« eine erstaunliche Engstirnigkeit, Rüpelhaftigkeit und Fremdenfeindlichkeit zu erkennen, die die gesamte aktuelle russische Mainstream-Kultur durchzieht. »Ausländer aus dem Süden kommen ins Land auf der Suche nach schnellem Geld und mit kriminellen Absichten« – dies ist kein politischer Slogan einer rechtsgerichteten Partei, sondern die Schlagzeile eines »Nachrichten«-Programms zur besten Sendezeit, und man kann mit ziemlicher Sicherheit darauf wetten, dass von den geschniegelten jungen Leuten, die die schicken überteuerten Cafés füllen, keiner an einem solchen vom Fernsehen übertragenen Vorurteil irgendetwas fragwürdig finden würde.

Es ist cool, es ist modern, nationalistisch eingestellt zu sein, antiasiatisch, antigeorgisch, anti-
orange (die Farbe der Revolution in der Ukraine),
und es ist sogar noch moderner, antiwestlich zu
sein.

Der Westen ist Vergangenheit, wir sind die Zukunft. Dass die Markennamen westlich sind –
egal; dass die Statistiken sagen, die russische Bevölkerung befinde sich in einer demografischen
Krise – egal. Wir haben den Glauben an uns wie-
derentdeckt, an unseren Staat und unseren Präsidenten, und unser Glaube ist stärker als eure
Logik. Die Logik sagt, dass die Wiederentdek-
kung des Glaubens mit dem Anstieg der Ölpreise
und den Kriegsverbrechen in Tschetschenien
zusammenfiel oder darauf folgte; die Logik sagt
auch, dass die immense Korruption und die an-
dauernde Verbrechensherrschaft das Land als
Ganzes kaputt machen: seine Aussichten, seine
Strategie, selbst die irgendwie kryptische Mission,
von der wir Russen glauben, dass sie unserem
Land in der Weltgeschichte zufällt. Doch für die
sichtbare Minderheit, die vom aktuellen Regime
gehätschelt wird, hat solch eine Logik keine Gültig-
keit. Logik ist hier allgemein gerade nicht in Mode,
genauso wie Menschenrechte von manchen Men-

schen, die auf ihre eigenen Rechte sehr nachdrücklich pochen, nicht als Werte anerkannt werden.

Diese Allgemeinheiten haben eine greifbare Relevanz für das Alltagsleben in Russland. In der russischen sogenannten Demokratie muss sich ein offizieller Repräsentant eigentlich nicht auf irgendwelche anderen menschlichen oder bürgerlichen Werte außer Patriotismus beziehen. Selbst der Kampf gegen den Terrorismus ist kein Pluspunkt, da den Menschen bewusst ist, dass es in jedem einzelnen groß angelegten Anti-Terror-Feldzug die Regierungstruppen sind, die unschuldige Zivilisten massenhaft getötet haben, und nicht die Terroristen.

Die Geiselnahme in einem Krankenhaus in Budennowsk, die Belagerung des Moskauer Dubrowka-Theaters während der Aufführung des Musicals »Nordost«, das Schulmassaker von Beslan – sie alle waren Quelle extrem schädlicher Enthüllungen, ganz zu schweigen von dem öffentlichen Verdacht, dass der politisch signifikanteste Terroranschlag, die Explosionen in Moskau 1999, von den Geheimdiensten erdacht oder unterstützt wurde. Während ich einen Dokumentarfilm über diese Explosionen machte, war es ausrei-

chend (gegenüber einem Mitglied der Führungs-
schicht), das Thema des Films zu erwähnen, ohne
diese Verdachtsmomente in irgendeiner Weise
anzusprechen, um fest dem »antipatriotischen«
Lager zugeordnet zu werden.

Das Geiseldrama im Moskauer Theater oder die
Tragödie in der Schule von Beslan sind im politischen Sinne Gegensätze zum 11. September.
Statt das mächtigste Argument der Staatsleitung
zu sein, bringen sie die normalen Menschen gegen die Regierung auf und sind daher faktische
Tabus. In den Vereinigten Staaten mag das Terroris-
musthema so aussehen wie etwas, was sich der
Präsident und seine Partei zu eigen gemacht haben;
in Russland wird es hauptsächlich assoziiert mit
der ermordeten Investigativjournalistin Anna
Politkowskaja, Ex-KGB-Leuten, die auspacken,
dem inhaftierten Michail Trepaschkin[16] und dem
vergifteten Alexander Litwinenko.

---

[16] Michail Trepaschkin war Offizier des Inlandsgeheimdienstes FSB. Er ist in einem Lager in Sibirien in einer
Strafkolonie, im Lager FGU IK 13 in der Stadt Nischnij
Tagil, inhaftiert. Gemeinsam mit fünf Abgeordneten des
russischen Parlaments, der Duma, untersuchte Trepaschkin die Vorgänge um die Explosion dreier Wohnhäuser in
Moskau und Wolgodonks 1999, die zweihundertdreißig

168

Das Problem mit dem modischen Patriotismus ist, dass er eine perfekte Fälschung ist, was unter anderem eine ernsthafte Konsequenz hat: Er macht aus vielen der aufrichtigeren Patrioten Nationa-

Menschenleben kosteten. Trepaschkin fand eine Anzahl von Hinweisen, dass der Geheimdienst in die Anschläge verwickelt sein könnte. Er wurde bei einer Verkehrskontrolle verhaftet und wegen illegalen Waffenbesitzes angeklagt. Kurzzeitig auf Bewährung entlassen, kündigte Trepaschkin aber an, seine Ermittlungsarbeit fortzusetzen. Er geriet neuerlich in Haft. Seine Anwältin behauptet, die bei ihm gefundene Waffe sei ihm untergeschoben worden. Er wird wegen illegalen Munitionsbesitzes und Verrats von Staatsgeheimnissen zu vier Jahren Haft verurteilt. Der Straßburger Gerichtshof hält das Verfahren für menschenrechtsverletzend; amnesty international kritisiert, dass sein Verfahren offenbar politisch motiviert ist und nicht den »internationalen Standards für faire Verfahren« entsprach und dass Trepaschkin in Haft nicht die zur Behandlung seines schweren Bronchialasthmaleidens nötigen Medikamente erhält. Der Kreml vermutete hinter den Anschlägen dagegen tschetschenische Rebellen und legitimierte drei Wochen danach mit ihnen das Eingreifen des russischen Militärs in Tschetschenien (Zweiter Tschetschenien-Krieg). Die Vorgänge um die Aufklärung der Anschläge forderten weitere Todesopfer: Der Abgeordnete Schtschichotschichin starb mutmaßlich an einer Lebensmittelvergiftung, er war Vizechefredakteur der »Nowaja Gaseta«. Juschenkow, ebenso Abgeordneter der Duma, wurde erschossen. Der Jurist Trepaschkin hatte vor Gericht Familien vertreten, deren Angehörige bei den Bombenanschlägen umgekommen waren. Trepaschkin verlangt, im Fall Litwinenko auszusagen; er verdächtigt FSB-Angehörige, darin verwickelt zu sein.

listen – und sogar eine Art Nationalsozialisten oder Nationalbolschewisten, wie die bekannteste Gruppe heißt. Aus dem Blickwinkel eines Stadtteils mit endlosen Reihen identischer Plattenbauten gesehen, wo die Mehrzahl der Russen lebt, ist die Oberklasse eine außerirdische Rasse, die mit einem zweifachen Zerstörungswerk beschäftigt ist: Sie ernährt sich vom Blut der einfachen Leute, indem sie ein weit gesponnenes Netzwerk unfairen Geldabschöpfens unterhält, und betreibt einen Ausverkauf russischer geopolitischer Interessen in undurchsichtigen Arrangements mit dem Westen.

Der Export von Rohstoffen und verschiedene Handelsabkommen begünstigen den Westen und die russische Oberklasse, nicht aber die russische Mehrheit.

Der riesige Finanzüberschuss der Nation ist als Guthaben bei US-amerikanischen Banken gebunkert, die davon noch profitieren, während das Land in der nach Bargeld dürstenden, in Auflösung begriffenen Infrastruktur vor sich hin rottet. Und statt gebührend empört zu sein über die Politik der USA, Großbritanniens und Israels, die die Welt als ihr privates Jagdgebiet betrachten, zeigt die Oberklasse höfliches Verständnis – das in Wahrheit völliges Desinteresse ist gegenüber allem, was nichts mit Geld zu tun hat. In Kontrast zu ihrer Apathie hegen Millionen von einfachen Russen eine große Leidenschaft für die Werte, die unsere große Literatur und, mit einigen Einschränkungen, die orthodoxe christliche Tradition für uns bewahrt haben; mit Dostojewskis Worten: »Unser Volk fährt fort, fest an die Wahrheit zu glauben, Gottes Urteil zu akzeptieren und Tränen des Mitleids zu weinen. Für die Oberklasse gilt dies nicht so sehr.«

Für den Augenblick ist Putin selbst in einem hohen Maß, wenn auch nicht vollständig, ausgenommen von derlei beliebten Beschimpfungen, da er, gemäß der sich hartnäckig haltenden russischen Tradition, einzig in der Rolle des Verkünders wahrgenommen wird. Er muss nur sein undurchdringliches Gesicht zeigen und ein, zwei geschliffene Sätze äußern, damit seine Bojaren dafür verantwortlich gemacht werden, die guten Absichten des Zaren zunichte gemacht zu haben. Im IT-Zeitalter ist eine so archaische Auffassung wahrscheinlich dem Untergang geweiht, und eine Figur wie Putin kann sich langfristig kaum in Sicherheit wiegen. Doch was wir bereits haben, ist eine nationalistische Energie, entstanden aus der Komplizenschaft zwischen der russischen Oligarchie und dem internationalen Kapitalismus, die gegen die Interessen des russischen Volkes handeln. Jene westlichen Offiziellen, Unternehmer und Journalisten, die Russland als eine mehr oder weniger in sich geschlossene Einheit beschreiben, die, als logische Schlussfolgerung, mehr oder weniger gleichmäßig von dem vermeintlichen Boom profitiert, müssen sich mit keinem dieser einfachen Russen auseinandersetzen, die solchen Beschreibungen in ihren asbestverseuchten Behausungen mit Hohn und Verachtung begegnen.

Die wahre Quelle des Nationalismus liegt in dieser Verachtung, doch man begegnet ihm natürlich nicht in den grinsenden Gesichtern derer, die sich eine Tasse Kaffee für zehn Dollar leisten können; der Typ, den man unkritisch für den Durchschnitt halten könnte, wenn man sich hauptsächlich in Zentralmoskau bewegt.

Es ist darum nicht einfach, das Phänomen des Nationalismus zu erfassen, selbst für die aufgeweckteren Beobachter im heutigen Russland.

Linksgerichteter Nationalismus beispielsweise wird eher mit der Geschichte Italiens, Deutschlands oder des Balkans assoziiert, doch dieser stellt eine reale Kraft dar, wahrscheinlich die einzige, die das unanfechtbar scheinende Regime fürchtet. Als breite Ideologie teilen ihn so disziplinierte Organisationen wie die Kommunistische Partei und die Nationalbolschewistische Partei.

Ironie des Schicksals, dass die kommunistisch-bolschewistische Linke heute nicht nur die bei weitem signifikanteste Opposition zu der KGB-inspirierten Regierungspartei darstellt, sondern dass es sich hier auch um die einzige politische Kraft handelt, die eine hohe Mitgliederzahl aufweisen kann, welche auf tatsächlicher Überzeugung fußt und nicht auf Anreizen, in Auftrag gegeben von einem präsidialen Denkapparat, um eine Pro-forma-Oppositionspartei zu schaffen. Überzeugung war natürlich ein äußerst rares Gut in der Kommunistischen Partei der späten UdSSR.

Die Grundsätze der internationalen Arbeitersolidarität sind zwar nicht komplett vergessen, aber von der patriotischen Agenda an den Rand gedrängt worden. Paradox auch die »imperialistischen« Sympathien der Kommunisten: Sie sind weitgehend inspiriert von Nostalgie für das Sowjet-Imperium, das als Beispiel für erfolgreiche multinationale Koexistenz gepriesen wird. Aber es gibt Eigentümlichkeiten von signifikanterer und vielleicht bedenklicherer Art: Nationalisten, sowohl des rechten als auch des linken Flügels, gehören zum aktivsten Teil der Gesellschaft, und wenn sie auch aufeinanderprallen oder sich rabiat bekämpfen, so sind ihre Slogans und Diskurse doch oft identisch.

Eine weitere Seltsamkeit: Es gibt eine traditionelle soziologische Daumenregel für das Ausmaß rassischer und nationaler Vorurteile in unterschiedlichen sozialen Schichten, die jedoch im Fall Russland nicht greift. Sie besagt: Je niedriger der Rang einer eingeborenen Gruppe in der Gesellschaft, desto höher ihre Voreingenommenheit gegenüber Fremden. Auf Russland trifft dies so im Grunde nicht zu. Das mag damit zu tun haben, dass sich der Begriff »gebildete Klassen« auf die einflussreichen Clans, die den öffentlichen Diskurs bestimmen, nicht anwenden lässt. »Intelligenzija« hat nicht mehr als eine schwindende, nostalgische Bedeutung in der russischen Realität, da die Rolle des kultivierten Volkes nicht mehr identisch ist mit der des Gewissens der Nation und der treibenden sozialen Kraft, die es einst war, sondern zu einem melancholischen Geist geworden ist, der zurückscheut vor dem glitzernden Russland von Putin, Gazprom und der steigenden Zahl von Milliardären, über die naiv und unlogisch – auch im Westen – berichtet wird, sie seien ein Zeichen von Wohlstand.

Im grellen Schein ihrer Paläste und Fernsehstudios werden fremdenfeindliche Vorurteile mindestens genauso toleriert und oftmals auch offen angeheizt wie in den wirtschaftlich benachteiligten Vierteln jener Art, die man im Westen traditionell als Brutstätten rechtsgerichteter Ressentiments betrachtet. Gleichzeitig behaupte ich, dass die einfachsten Russen, in Kostroma und Novosibirsk, Rjasan und Irkutsk, in deren Namen chauvinistische Fernsehsprecher wie Leontiew, Pushkow, Markow – sie sind auch häufige Gäste bei westlichen Podiumsdiskussionen – auf Georgier, Ukrainer, Kirgisen und Amerikaner schimpfen, mindestens so aufgeschlossen und vorurteilsfrei sind wie jeder der eisernen Verfechter von Political Correctness im Westen.

Wozu summieren sich diese paradoxen Eindrücke? Es gibt eine einzigartige Quelle sozialer Energie in Russland – Patriotismus – Nationalismus –, von der politische Kräfte des linken und extrem rechten Flügels und auf allerhöchster Machtebene zehren. Man könnte jetzt damit weitermachen, die Unterschiede zwischen Nationalismus, Chauvinismus und Panimperialismus zu diskutieren, doch diese Unterscheidungen sind in unserem Kontext weniger signifikant, als sie es beispielsweise in Hannah Arendts treffender Analyse der Entwicklung des deutschen Nazismus waren.

Es ist einfach da, das Gespenst des Nationalismus, es geht um wie ein anderes berühmtes Gespenst, nämlich das aus Marx' Manifest vor circa hundertfünfzig Jahren. Russlands zynische Herrscher, kapitalistische Kenner westlicher Luxusgüter, benutzen es lediglich, um eine feuerfeste Barriere rund um ihre Konsumorgien zu errichten.

Russische Faschisten sind gepackt von seinen extremen Anfällen, ohne zu bemerken, dass das alleinige Auftauchen eines russischen, weit rechts stehenden Nationalismus in einem übergroßen Land mit Hunderten verschiedener Nationalitäten ein Symptom von Desintegration statt Konsolidierung ist. Die russischen nationalistischen Linken, die mit den falschen Bezeichnungen und Widersprüchlichkeiten in ihren Slogans in einer Sackgasse stecken, stellen fest, dass die wahre Ursache des Unglücks der Menschen nicht »der Fremde« ist, sondern Politik und Propaganda, Taten und Untaten der sich selbst dienenden Oligarchie. Sie glauben der »patriotischen« Ideologie der Herrscher nicht, die aufgehen im Hofieren westlicher Geschäftsleute und Politiker. Und sie rechtfertigen ihre nationalistischen Mottos mit ihrem Hass auf diese fremden Gäste und Gastgeber der Folterknechte russischer Bürger, das heißt Minister der Regierung, einige Mitglieder der Duma, regionale Gouverneure, führende Geschäftsleute und in zunehmendem Maße der Präsident selbst.

Wenn das große Kapital international und internationalistisch ist – ungeachtet der willkürlichen Attacken auf westliche Partner, die werden schon alles schlucken –, dann wollen wir Nationalisten sein. Wenn sich die Plutokraten aller Länder vereinigen, wie es einst schon die Arbeiter tun sollten, dann werden wir die Massen unseres eigenen

Volkes ansprechen. Volk und Nation können synonym sein; die Entweihung der Demokratie durch das Regime und seine westlichen Verbündeten ist Grund dafür, dass Demokratie ins Russische übersetzt Nationalismus heißt.

Der neue russische Nationalismus ist schon lange keine marginale, wenn auch beunruhigende Kuriosität mehr. Absolut respektable politische Parteien und Bewegungen, sozialdemokratisch oder »Mitte-rechts« einzuordnen, wie Yabloko, Kasparows Vereinigte Zivilfront, die Kräfte um den potenziellen Herausforderer des Präsidenten, Putins ehemaliger Premier Kasyanow, gut bekannte Menschenrechtsorganisationen wie die Helsinki-Gruppe, werden alle in unterschiedlichem Ausmaß als Verbündete der Nationalbolschewistischen Partei angesehen. Nicht etwa, weil der jugendliche Esprit der antikapitalistischen Rhetorik sie beeindruckt, geschweige denn Mottos der NBP wie »Russland ist alles, der Rest ist nichts«.

Was die stetig steigende Zahl der sehr unterschiedlichen, aber einigermaßen aufrichtigen Mitglieder der sich abkämpfenden russischen Zivilgesellschaft teilt, ist die Verachtung für den bequemen Empfang, der den KGB-geschulten Gegnern bürgerlicher Rechte im Westen bereitet wird.

Diese anfangs nicht gemeinsam operierenden Kritiker des Regimes treffen unter beachtlichem persönlichem Risiko, wie letzten Sommer bei der Konferenz »Das andere Russland«, zusammen und sehen ihren Erfolg darin, dass Putin und seine Günstlinge Notiz nehmen müssen von der Realität der Opposition. Ihre Einheit entsteht durch boshafte Beschimpfungen und selbst physische Aggression, die sie als Antwort auf ihre legitime Forderung nach Freiheit erhalten, auf Anweisung jener, die bei internationalen Gipfeltreffen von Fortschritten bei sogenannten Reformen berichten und dafür noch Applaus bekommen.

Und wenn es unmöglich ist, mit dem Regime, das entschlossen ist, jeden Impuls von Kritik zu unterdrücken, vernünftig zu diskutieren, warum soll dann keine Hoffnung darin bestehen, den Vertretern alter Demokratien klarzumachen, dass sie es angesichts von Putins Russland mit einer Antidemokratie zu tun haben?

Mit der entsetzlichen Ausnahme von Tschetschenien ist Herr Putin noch nicht dabei beobachtet worden, Massenrepressionen befohlen zu haben wie viele seiner Vorgänger im Staatssicherheitsapparat, dem er bekennenderweise mit Stolz gedient hat. Was er getan hat, lässt sich jedoch zusammenfassen als ein Auflösen der Sowjetunion, ein Vereinigungsprozesses zur russischen Nation mit einer kulturellen und linguistischen Einheit. Die Sklaven haltenden Eliten aus der Ära der Napoleonischen Kriege hatten kulturell viel mehr mit den französischen Invasoren als mit ihrem eigenen Volk gemeinsam; die Mehrheit an der Spitze und die große Minderheit sprachen einfach keine gemeinsame Sprache.

Bildlich gesprochen kehren wir in einem aktiven antidemokratischen Prozess zu dieser feudalen Aufteilung zurück.

Viele Russen betrachten diesen Prozess als vom Westen unterstützt, wohingegen im Westen viele Putin als Bollwerk gegen nationalistische Anhänger der Instabilität betrachten – eine Zwickmühle, die weitere Impulse liefert für ein Volk, das sich im eigenen Land fremd fühlt und daher massiv dem Nationalismus zuwendet. Der andere Katalysator ist paradoxerweise Putins eigene Zuflucht zu nationalistischer Propaganda zu Hause, wenn auch zugegebenermaßen nur – aus optimistischer westlicher Sicht – um das Monopol und die Kontrolle über Bedarf und Verteilung eines unumgänglichen Mindestmaßes an Nationalismus innezuhaben.

Was Putins Innenpolitik zum Beschleuniger statt zum Verzögerer eines unkontrollierbaren Prozesses macht, sind die gleichzeitige Korruption und Verschwendung, die Verantwortungslosigkeit und der Zynismus der oberen Klassen, die sich zunehmend schwer ignorieren lassen.

Im Vorwort zum Roman eines bekannten jungen Schriftstellers las ich: »Mein Held ist ein leidenschaftlicher junger Mann, der sein Volk liebt, aber genügend kühlen Kopf bewahrt, um zu ahnen, dass diejenigen, die am Unglück der Menschen Schuld tragen, in den historischen Palästen im Herzen Moskaus wohnen, in den exklusiven Villen auf dem Land, in Schlössern in England, Frankreich und der Schweiz. Sie sind dem Volk so fern geworden, dass sie in vielerlei Hinsicht aufgehört haben, Teil unserer Nation zu sein. Und doch gehört ihnen fast alles hier. Im Moment gibt es nichts, was wir gegen sie tun können; die Wände und Wachen, die sie von uns trennen, sind uneinnehmbar. Und so richtet sich der Zorn meines Helden gegen andere, die, die auch nicht zu unserem Volk gehören, die jedoch so viel Pech hatten, uns in den Weg zu geraten, hier in unserer Nachbarschaft, auf unseren Straßen, Märkten, Bahnhöfen ...«

Einer der Gründe, warum der Lauf der Geschichte nicht vorausgesagt werden kann, liegt in der irrationalen Komponente unserer Handlungen. Nationalismus in Russland ist heutzutage, neben vielen anderen Dingen, eine Versuchung für einen Demokraten, der wütend ist auf jene, die Demokratie in der Theorie unterstützen und in der Praxis verleugnen, die ihre Geschäfte mit dem antidemokratischen Regime machen, was alle Rechtfertigungen der Welt haben kann, aber ein Punkt fehlt: Bei Demokratie geht es um die wahrhaftige Vertretung des Volkes im Machtapparat und um die faire Chance eines Individuums auf Gerechtigkeit in dieser unvollkommenen Welt. Nun, das Volk ist in Putins Machtstruktur mindestens so schlecht vertreten wie unter Breschnew, und ein Bürger ist der Willkür des autoritären Staates (mit der zusätzlichen Gewalt durch die Mafia) genauso ausgesetzt wie in der Sowjetunion.

Wenn demokratische Werte nun im eigenen Land als überflüssig betrachtet werden und nur ein scheinheiliger Deckmantel sind, um US-Interessen weltweit zu propagieren, lockt der Nationalismus mit der Chance auf eine reale Herausforderung des Status quo, der einzigen Chance, wie es den Anschein hat.

Die irrationale Energie der Zerstörung wird sich darin manifestieren, dass ein Barbar einem Dunkelhäutigen den Schädel einschlägt; aber etwas von ähnlich irrationaler Natur mag eine gebildete Person zum ideologischen Schulterschluss mit dem Barbaren treiben, nur damit sie gemeinsam in der Lage sind, die existierende Ordnung zu bedrohen, an der die herrschenden Unterdrücker und ihre Kollaborateure der oberen Mittelklasse ihren Anteil haben.

Solche »taktischen« Zusammenschlüsse hat es in der Vergangenheit immer wieder gegeben, so geschieht es jetzt, als Rechtfertigung für Terrorismus, es geschieht im Reifeprozess des russischen Nationalismus. Selbst wenn Putin, seine Partei und seine potenziellen Nachfolger bisher halbherzig versucht haben, diese Energie im Zaum zu halten, so tun sie dies klar aus einem Selbsterhaltungstrieb heraus und nicht als Dienst an der Menschlichkeit. Sie fürchten nur den linksgerichteten Nationalismus; diesen werden sie mit all ihrer Kraft verfolgen, während die extreme Rechte toleriert wird – wenn sie auch im Auge behalten werden muss als potenzieller Teil einer vereinten nationalistischen antioligarchischen Kraft.

Doch die extreme Rechte will mehr als nur toleriert werden – sie will Russland für sich allein. Ihre einzige Waffe ist Mord. Politischer Mord. Nicht, um das Durchsickern von Informationen zu vermeiden oder um einen Augenzeugen verschwinden zu lassen, sondern um zu schockieren, zu provozieren, einzuschüchtern und zu erniedrigen, sowohl in Russland als auch im Westen.

Mit Morden soll der Westen auf seinen Platz verwiesen werden – ein Platz der Machtlosigkeit angesichts neuer russischer Stärke und alter russischer Werte. Je allgemeiner das Opfer respektiert wird, desto besser. Die internationale Beachtung hat sowjetische Dissidenten einst geschützt, heute ist sie zu einem Risiko für russische Menschenrechtler geworden.

Und während Putins eigener Balanceakt, den manche »Stabilität« nennen, weitergeht, während humanistische Demokratie nicht die Anhängerschaft, Unterstützung und Leidenschaft findet, über die der Nationalismus zu verfügen scheint, ist eines gewiss: Unschuldige Menschen, mutige und ehrliche Menschen werden weiter ermordet. So wie Anna Politkowskaja. Denn sie wurde zum Opfer des erbitterten Tauziehens zwischen Putin und der extremen Rechten; im Ringen um Macht morden Faschisten, um durch die skandalöse Straflosigkeit ihrer Verbrechen Putin als ihren Verbündeten zu beanspruchen. Sie töten, um ihn bei seiner Aufgabe zu beobachten, sich jeglicher Scham zu verweigern. Sie töten, um einen Kameraden zu testen, bevor es ernsthaft zur Sache geht. Alle Zeichen deuten darauf hin, dass Putin den Test bestanden hat.

Übersetzung Andrea Schmid

»Die Medien in Russland haben aufgehört, ein Platz für den Meinungsaustausch und öffentliche Debatten zu sein, für Auseinandersetzungen und Kritik …«
Igor Jakowenko, Generalsekretär des russischen Journalistenverbandes

Rupert Neudeck

Von Wladimir Putin und anderen »lupenreinen Demokraten« Wie »global« ist Pressefreiheit?

Anna Politkowskaja ist ermordet worden. In Russland ist es noch wichtiger, auf der unbedingten Notwendigkeit von frei arbeitenden Journalisten zu bestehen, als andernorts, denn es gibt in diesem Land so gut wie keine Gerichtsbarkeit.

Sie hat ihre Ermordung eigentlich schon in ihrem Buch »In Putins Russland« vorweggenommen. Sie hat das alles dort beschrieben, wie Menschen, die bestimmten Korruptions- und Mafiagangstern in die Quere kommen, dann umgelegt werden. Meist bekommen sie danach lediglich eine Verfahrensnummer.

Anna Politkowskaja hat mehrere solcher Auftragsmorde beschrieben, die im Uralgebiet, in Jekaterinburg, stattfanden, wobei große Firmen zum Beispiel komplett in den Besitz von Paschka Fedulew gelangten.

Pawel Anatoljewitsch Fedulew ließ die kapitalträchtige Firma Uralchimmasch – einen der größten Industriebetriebe der alten Sowjetunion – besetzen. Zunächst hatte dort eine Art Arbeiterrevolution stattgefunden, der Betrieb sollte geradezu von einem Betriebsrat übernommen werden. Dann aber gab der neue Herr von Jekaterinburg dem einen neuen Dreh. Er hatte vorher schon mit illegal abgefülltem Wodka, der in Russland »Ballerwasser« heißt, das schnelle Geld verdient.

Ohne die recherchierende Journalistin Anna Politkowskaja würden solche Zusammenhänge unbekannt bleiben. Denn die Chefs der Firmen, die auf Besuchsreisen mit dem jeweiligen Bundeskanzler in Wirtschaftsdelegationen nach Moskau fliegen, haben kein Interesse daran, dass davon etwas bekannt wird. Sie wollen mit dem »lupenreinen Demokraten« Wladimir Putin zu tun haben. Die Politkowskaja hat in ihren Reportagen dargestellt, was sich an krimineller Scheindemokratie unter dem jungen, protzigen Aufsteiger Wladimir Putin in Russland entwickelt hat, wie Erfolge in der russischen Wirtschaft nach Jelzin und unter Putin erreicht werden:

- Erste Regel: Erfolg hat, wer ein Stück des Staatskuchens, also des staatlichen Eigentums, an sich reißen kann. Deshalb kommt ja auch die Mehrzahl der Geschäftsleute in Russland aus der sowjetischen Nomenklatura.
- Zweite Regel: Man soll auch nach der Einverleibung des staatlichen Kuchenstücks immer im Dunstkreis der Macht bleiben, die Staatsdiener regelmäßig füttern, weil das die beste Garantie für ein Gelingen des privaten Geschäfts ist.
- Dritte Regel: Ohne die erkaufte Freundschaft der Rechtsschutzorgane geht nichts.

Dann berichtet Anna Politkowskaja wie ein »prognostizierender journalistischer Engel« von dem »ersten Auftragsmord in Fedulews Karriere«. Die Methode ist einfach: »Bringst du einen um, respektiert man dich!« Fedulew reichte sein eigenes Geld nicht für weitere Spekulationen, also lieh er sich welches bei Andrej Jakuschew. Eine gewaltige Menge, sagte die Politkowskaja – für die nächste Transaktion. Er habe es erfolgreich angelegt und die Summe um ein Vielfaches vermehrt. Nur zurückzahlen wollte er nichts mehr.

Jakuschew habe sich anfangs ganz kulant gezeigt. Doch dann wurde er am 9. Mai 1995 vor den Augen von Frau und Kind im Vestibül seines Hauses erschossen.

Anna Politkowskaja fragt natürlich nach den juristischen Konsequenzen in diesem Fall. Es wurde Strafantrag gestellt, das Verfahren erhielt sogar eine Nummer – 772801. In diesem Dokument figurierte Fedulew, Kompagnon und Schuldner des Ermordeten, als Hauptperson. Nur liege diese Strafsache seit zehn Jahren. Nun fragt man sich, wo? In den Archiven vergraben …

Das Entscheidende an der Gesundung einer Gesellschaft ist ihre Offenheit sich selbst gegenüber – ob das nun auf der Ebene der juristischen Aufarbeitung geschieht oder auf der der gesellschaftlichen oder auf beiden. In Deutschland hat sich das in vielleicht vorbildlicher Weise ergeben durch eine völkerrechtlich umstrittene, aber in der Wirkung einmalige Aufarbeitung durch die Nürnberger Prozesse.

Die Ergebnisse waren aber für unsere Gesellschaft nicht ausreichend, deshalb gab es – verstärkt nach der Studentenrevolte im Jahr 1968 und folgende – noch eine Reihe weiterer Initiativen, auch Graswurzelinitiativen, die sich mit der deutschen Vergangenheit auseinandergesetzt haben und es auch heute noch tun.

Liest man die Bücher der Anna Politkowskaja, ist man fast verstört zu erfahren, was alles auf einer Journalistin, was alles auf einer Redaktion, was alles an Aufklärungsarbeit auf einer Zeitung lastet. Denn alle übrigen klassischen Momente und Elemente einer Gewaltenteilung fallen ja in einem solchen System »durch den Rost«. Es gibt weder Judikatur noch Exekutive und Legislative in unserem Sinne. Nichts außer einer hohlen Fassade bleibt in dem Russland nach der Wende und der Auflösung der Sowjetunion – also nach Gorbatschow – übrig von dem letzten Rest an Demokratie. Man könnte auch sagen: Russland verfügt über keine Dreiteilung der Gewalten im klassischen Sinne der Montesquieu-Vorlage einer funktionierenden Demokratie. Es fehlt das Gewaltmonopol der Armee und Polizei.

Diesen Zustand kann ich nur in Anlehnung an einen afrikanischen Staat, die Demokratische Republik Kongo (Ex-Zaire), beschreiben. Das, was der Gewaltherrscher und »Duodezfürst« für die Kongolesen in dreißig Jahren bedeutet hat, das hat seine Parallelen im kommunistischen Zwangssystem der Sowjetunion.

In beiden Staaten hat sich das mobutistische System des Sich-Durchwurstelns durchgesetzt. (»On se débrouille.«)

Bei aller Nichtvergleichbarkeit der beiden Systeme ergibt sich doch etwas Gleichartiges: dieses Gieren nach sofortiger Befriedigung durch das schnell gemachte Geld. Da alle Institutionen morsch, faul und mürbe sind, gibt es nichts, woran sich diese Menschen festhalten können. Das geht bis hin zu der russisch-orthodoxen Kirche.

Anna Politkowskaja beschreibt den Fall ihres Bekannten Mischa, der eine Frau im Zustand der Trunkenheit erschlagen hat und der sich dann in ein Kloster zurückziehen will: »Bleibe ich hier draußen«, sagt er, »lande ich früher oder später wieder dort. Im Gefängnis habe ich es besser. Es ist ein geschlossener Raum. Und das Kloster ist wie ein Arbeitslager, nur dass die Wachen andere sind. Ich muss unter Bewachung leben. Ich komme mit mir selbst nicht klar bei dem Leben, das ich ringsum sehe.«

Die Journalistin Politkowskaja fragt Mischa, was für ein Leben er denn sehe: »Ein zynisches. Und

Zynismus kann ich nicht ertragen. Deshalb habe ich zu trinken angefangen.« Sie berichtet: Mischa habe es nicht geschafft, ins Kloster einzutreten. »Die Aufnahmeprozedur zog sich unendlich hin: Die Gottesdienerschaft der russisch-orthodoxen Kirche arbeitet nicht anders als unsere Staatsdiener, dieselbe Gleichgültigkeit gegenüber allem, was nicht unmittelbar die eigenen Interessen betrifft. Mischa wurde immer wieder bei der Verwaltung des Moskauer Patriarchen vorstellig, arbeitete als Kirchenwächter, hauste in einem Verschlag neben dem Gotteshaus. Er wurde wahnsinnig und warf sich in der Metro vor einen Zug.

Die Arbeit der Anna Politkowskaja ist wie das Zeugnis einer professionellen systembedingten Überforderung. Eine Frau wie sie hat eine ganze autonome Republik wie Tschetschenien noch am Leben erhalten.
Der Mord an Anna Politkowskaja hat auch damit zu tun, dass die russische Gesellschaft bisher zu einer umfassenden Aufarbeitung der russischen Vergangenheit, insbesondere des Gulag, nicht in der Lage war.
In Russland ist heute nur die Wirtschaft frei. Die Medien sind es nicht. Sie sind unfreier als unter

der Präsidentschaft von Gorbatschow. Der ehemalige OSZE-Beauftragte für die Freiheit der Medien, Freimut Duve, erklärte auf einer Veranstaltung der Akademie der Künste in Berlin am 19. Oktober 2006: Achtzig Prozent der Zeitungen in Russland gehören dem Wirtschaftskoloss Gazprom. Dieses Unternehmen wird von der Regierung Putin total kontrolliert.

Der russische Sonderweg beginnt nicht erst mit dem Präsidenten Putin und dem neuen Chauvinismus, wie das der kluge ZDF-Moskau-Korrespondent Dirk Sager gesagt hat, sondern er beginnt damit, dass die russische Gesellschaft die Aufarbeitung ihrer Gulag-Vergangenheit dem verdienstvollen Werk von Solschenizyn und neueren wissenschaftlichen Untersuchungen in der westlichen Welt überlässt.

Es war daher schon sehr verdienstvoll, den neuerdings durch sein Buch »Die Vermessung der Welt« sehr bekannt gewordenen Schriftsteller Daniel Kehlmann für das Monatsmagazin »Cicero« zu Alexander Solschenizyn auf den Weg zu bringen, um ihn zu befragen, was denn zur Gesundung der russischen Gesellschaft geschehen könne.

Ebenso beklagt die Historikerin Anne Apple-baum[17], dass die russische Gesellschaft das Jahr 2006 ganz ohne Gedenken an die für Millionen Menschen tragische Gründung des Systems Gulag vor achtzig Jahren begangen hat.

Solowezky lag, darauf weist die US-Historikerin hin, als eines der ersten Lager des künftigen umfänglichen Gulag-Systems auf einem Archipel. Das Lagersystem war die gesamte Zeit der Sowjetunion über ein probates Mittel, denn Zwangsarbeit galt als ein »Mittel zur Umerziehung«. Die Autorin hat zugleich beschrieben, mit welch unglaublicher Brutalität der Tod oder besser die Ermordung von Millionen seiner Insassen billigend in Kauf genommen wurde.

Der berühmte Lagerkommandant von Solowezky, Naftali Aronowitsch Frenkel, hatte die Häftlinge ihrem körperlichen Zustand entsprechend in drei Gruppen eingeteilt, als er die Lager zu gewinnbringenden Unternehmungen ausbauen wollte: eine erste Gruppe für die Schwerstarbeit, die

---

[17] Für ihr Buch »Gulag. A History of the Soviet Concentration Camps« bekam sie wegen der historiografischen und schriftstellerischen Leistung 2004 den Pulitzer-Preis. Deutsche Erstausgabe: Anne Applebaum: Der Gulag. Siedler Verlag, Berlin 2003.

zweite für die Leichtarbeit, die dritte jene der Invaliden. Jede Gruppe erhielt entsprechende Rationen, um für die Arbeit tauglich zu sein. Die erste bekam 800 Gramm Brot und 80 Gramm Fleisch pro Tag, die zweite Gruppe – also die für leichte Arbeit – 500 Gramm Brot und 40 Gramm Fleisch, die dritte Gruppe der lebensunwerten Invaliden bekam 400 Gramm Brot und 40 Gramm Fleisch.

In der Praxis lief das darauf hinaus, dass es nur noch zwei Häftlingsgruppen gab: die mit und die ohne Überlebenschancen. Infolge der guten Versorgung gewannen die körperlich Kräftigen noch an Kraft und überlebten. Die schon Schwachen wurden bei der miserablen Ernährung noch schwächer, sie wurden krank und krepierten. Darwin hoch fünf.

Zwischen 1926 und 1953 – dem Todesjahr von Stalin – wurden etwa achtzehn Millionen Menschen interniert. Weitere sechs bis sieben Millionen Menschen wurden in Exildörfer im hohen Norden zwangsdeportiert. Millionen erkrankten, Millionen kamen um. Aber das Erbe dieser Menschen, die da dem System geopfert wurden, hat weder in schriftlicher Form noch durch den Staat oder die Gesellschaft eine umfangreichere Aufarbeitung gefunden.

Zwar gibt es in Russland kleine, verstreute Gulag-Gedenkstätten, doch bis heute kein landesweites nationales Mahnmal, das an diese Tragödie erinnert. Schlimmer, so sagt es Applebaum, der Gulag ist aus der russischen gesellschaftlichen Diskussion total verschwunden.

Als 1998 Applebaum abermals das berüchtigte Lager Archangelsk besucht, einst eines der Hauptlager, erlebt sie die immer noch gültigen Methoden mit anderen Mitteln. Die Zellen sind überfüllt, die sanitären Anlagen primitiv-schlecht. Die Wände feucht, die Zellen stickig. Die Flure dunkel, weil man sich Elektrizität nicht leisten kann.

Das Erbe der Sowjetunion ist noch nicht auf dem Prüfstand einer Zivilgesellschaft.

Dass die allerbesten Vertreter der Gesellschaft, die Journalisten und Juristen, aus der russischen Gesellschaft heraustreten müssen und sich im Westen Luft verschaffen, spricht Bände für diese noch nicht begonnene Aufarbeitung der Vergangenheit.

Die Politkowskaja war eine, die ihrem Land dienen wollte. Sie hat sich keine Auszeit gegönnt. Liest man wieder in ihrem Buch »In Putins Russland«, jetzt, nachdem sie ermordet worden ist, wird uns der ganze Unterschied zu denen deutlich, die den bequemen Weg gehen. Sie hat vieles, immer wieder neu, in allen Einzelheiten durchschaut und im Grunde bei ihren Arbeiten zwei Rollen ineinander verknüpft. Das Buch besteht eigentlich aus anwaltlichen Plädoyers, die ein Journalist in normalen demokratischen und rechtsstaatlichen Zeiten nie halten muss. Sie aber hat erkannt, dass es einfach noch kein Rechtssystem in ihrem Russland gibt, weshalb sie am Thema bleiben und über den Prozess in all seinen einzelnen Zuspitzungen und Übertreibungen berichten muss, um der eigenen Gesellschaft damit zu sagen: Eine unabhängige Justiz, die im Bezug auf Exekutive, Legislative, Armee und Kirche ganz unabhängig ist, haben wir noch nicht.

Deshalb muss sie die einzelnen Windungen über Jahre in dem Prozess gegen den Vergewaltiger und Mörder der Elsa Kungajewa protokollieren. »Bei der Untersuchung der Leiche wurden folgende Verletzungen festgestellt: Hautabschürfungen und Blutergüsse im oberen Drittel der vorderen Halsseite, Blutergüsse im Weichgewebe des Halses, Zyanose, aufgedunsenes Gesicht, intrakonjunktivale Blutungen, Blutergüsse im Pleuraraum, Perikard-Blutungen, Ekchymosen in der rechten Unterschenkelhöhlengegend, der Innenseite des rechten Oberschenkels, ein Trauma an der Umschlagfalte der Konjunktiva des rechten Auges.«

Das ist die dritte Aufgabe der Journalistin Politkowskaja: Sie muss in ihren Publikationen die Gutachten der Mediziner haargenau wiedergeben, damit zumindest sie den Prozess vorantreibt. *Sie* bleibt gerecht, weil das gesamte System marode ist und bisher niemand Recht erfährt. Unter diesen Umständen wird die Rolle von einzelnen Personen in der Gesellschaft besonders wichtig. Ihre Rolle war es eben, als Korrespondentin einer Zeitung weiter den Mut zu haben, die Berichte kritisch zu recherchieren und auch zu veröffentlichen.

So zum Beispiel den über General Waleri Wassiljewitsch Gerassimow. Er gab den Befehl, ein verschwundenes Mädchen binnen dreißig Minuten aufzuspüren und zurückzubringen, von dem er gehört hatte, dass es aus Tangi entführt worden sei. Er fuhr darauf zum 160. Panzerregiment.

Dort wurde er von Oberst Budanow persönlich empfangen. Über das verschwundene Mädchen habe er nichts erfahren können. Gerassimow und sein Generalskollege Alexander Iwanowitsch Werbitzki fuhren weiter nach Tangi. Dort erzählten die Bewohner, dass Budanow in der Nacht mit Schützenpanzern ins Dorf gekommen sei, die Elsa Kungajewa in eine Decke gehüllt und mitgenommen habe. Die Dorfbewohner konnten den Oberst identifizieren. Nach Budanow wurde daraufhin gefahndet. Man solle ihn ergreifen, forderte General Gerassimow.

Dass es einen »Fall Budanow« und einen Prozess gab, verdanke man – so Anna Politkowskaja – in erster Linie General Waleri Gerassimow. »Immerhin verweigern die meisten Kommandeure in Tschetschenien nicht nur der Staatsanwaltschaft die Erlaubnis, ihre Untergebenen festzunehmen, sondern decken die Schuldigen in jedweder Weise. Angesichts der Zustände in der Zone der Anti-Terror-Operation stellte General Gerassimows Entscheidung zweifellos einen kühnen Schritt dar, der ihn durchaus die Karriere hätte kosten können.

Wichtig ist große öffentliche Aufmerksamkeit, das Lebenselixier des Rechtsstaates in demokratischen Gesellschaften. Die große öffentliche Aufmerksamkeit kam nur durch Gerassimows Entscheidung und die Verhaftung von Oberst Budanow zustande. Dass man nicht immer alles befürchten muss, sondern dass Einzelne auch gelobt werden, stellte Politkowskaja gut heraus. Denn General Gerassimow hatte nichts zu befürchten. Er avancierte, wurde zum Oberbefehlshaber der 58. Armee befördert. Das war nur eine Zwischenmaßnahme, dann begann das Gewürge um diese Prozesse gegen Oberst Budanow. »Alles, was sich nur irgendwie hinbiegen ließ, wurde hingebogen.«

Die Artikel und Bücher der Anna Politkowskaja waren ja deshalb immer wieder so eindrucksvoll, weil sie diese Strukturen einer Weitergeltung des Unrechts der politischen Psychiatrie, zum Beispiel im Fall des Tschetschenien-Vergewaltigers Oberst Budanow, aufdeckte.

2003 wird der Prozess erneut eröffnet. Das berüchtigte Serbski-Institut wird eingeschaltet. Plötzlich taucht der Name Prof. Dr. T. Perschernikowa als Leiterin der Gutachterabteilung des Serbski-Instituts auf, die in der stalinistischen Zeit für die Einlieferung der kritischen und en-

gagierten Bürger in die Psychiatrie verantwortlich war. Da wir das ja nicht mehr wissen können,
berichtete uns die Politkowskaja darüber und
ging in den Schacht der eigenen Zeitgeschichte
sehr weit zurück.

Nach dem Protest von Bürgern am 25. August
1968 gegen die Intervention der Roten Armee in
der Tschechoslowakei wurde Natalia Gorbanewskaja, eine Journalistin, Lyrikerin und Dissidentin,
einfach für verrückt erklärt, Schizophrenie dia-
gnostiziert. »Schließlich konnte es nicht normal
sein, dass sie gegen unsere Panzer in Prag auf die
Straße ging.«

Ähnliches widerfuhr Alexander Ginsburg und
Ludmilla Alexejewa. Ginsburg war von 1974 bis
1977 Leiter der Moskauer Helsinki-Gruppe. Für
die Verhandlungen in Anwesenheit der Gutach-
terin des Serbski-Instituts stellten sie ihn mit
Neuroleptika ruhig. Er wirkte in den Sitzungen
völlig teilnahmslos und wie abwesend.

Das alles, will uns Anna Politkowskaja wissen lassen,
ist die bis heute nicht erledigte Aufarbeitung der
schmachvollen russischen Vergangenheit mit
dem politischen Missbrauch der Psychiatrie.

Die Neuaufnahme des Prozesses gegen Budanow
brauchte Putin, um die Wahl zu gewinnen.

Was bedeutet die Ermordung einer Journalistin in Russland für das autokratische System des Wladimir Putin? In einem erst nach ihrem Tode veröffentlichten Artikel in der »Washington Post« vom 15. Oktober 2006 hat Anna Politkowskaja selbst prophetisch beschrieben, wer sie denn bedroht. Dieser Artikel konnte nicht mehr die Wirkung haben, die die Autorin ihm beigegeben hat, nämlich auf diese Art und Weise sie vor dem angekündigten Mord zu bewahren.

Sie schrieb, dass sie als Feindin von Putin und Ramzan Kadyrow nicht mehr zu offiziellen Pressekonferenzen eingeladen werde. Offizielle in Moskau würden ihr nur noch etwas sagen, wenn sie nicht beobachtet werden können, »in geheimen Häusern, auf die wir uns über verschiedene Straßen und Routen zubewegen wie Spione«. Man kann sich daran nicht gewöhnen, schreibt die mutige Journalistin, aber man lernt leider, darin und damit zu leben.

Wladislaw Surkow, der stellvertretende Generalstabschef von Putin, hatte erklärt, dass es zwei Arten von Feinden gebe: Es gebe die, mit denen zu sprechen noch Sinn mache, und es gebe die nicht zu korrigierenden Feinde, die man von der politischen Arena entfernen, wegsäubern (»cleanse«) müsse.

Sie hatte abermals etwas geschrieben, was sie nicht hätte schreiben dürfen. In der Nacht vom 27. auf den 28. Juli 2006 wurden von den Kadyrow-Einheiten (Kadyrow war von Putin eingesetzt worden) zwei Bürger der Ortschaft Kurchaloi festgenommen. Der eine wurde nur verhaftet, Adam Badaev; der andere, Hoh-Ahmed Dushaev, wurde ermordet. Gegen Morgen des 28. Juli 2006 fuhren etwa zwanzig Wagen der Miliz in das Zentrum des Ortes und hielten an der Polizeiwache. Sie hatten den Kopf von Dushaev mit sich gebracht. Sie hängten ihn im Zentrum der Ortschaft auf, daneben die blutbesudelte Hose des Opfers. Methoden einer »mittelalterlichen Barbarei«, den abgeschlagenen Kopf zur Abschreckung vierundzwanzig Stunden lang im Dorfzentrum auszustellen.

Darüber schrieb die Anna Politkowskaja in ihrer unerschütterlichen Überzeugung, dass es ein Recht und eine Gerechtigkeit für Menschen geben müsse, und wenn es allein darin bestünde, dass über solche Rechtsbrüche wenigstens etwas geschrieben und dokumentiert werde. Sie schrieb in der »Nowaja Gaseta«, dass Vizepremier Gaibow den Männern der Sicherheitsdienste den Befehl zur Enthauptung gegeben habe. Kadyrow sei darüber informiert gewesen, habe aber nicht eingegriffen. Politkowskaja betont: Eine Enthauptung und die Entweihung eines toten Körpers ist auch nach russischem Recht ein krimineller Akt. Politkowskaja kam nach Erscheinen des Artikels nach Tschetschenien. Die Frauen wollten sie verstecken, denn sie waren sicher, dass Anna Politkowskaja das nächste Opfer sein würde. Surkow, der große Unterstützer der kriminellen Methoden des Ramzan Kadyrow, erklärte ungerührt: »Jeder, der nicht einer von uns und für uns ist, ist ein Feind.«

Und jeder in Tschetschenien weiß, was eine solche Erklärung bedeutet.

Ramzan habe ihm erzählt, so Surkow zynisch weiter: »Diese Frau sei so dumm, dass sie nicht einmal den Wert von Geld kenne. Ich habe ihr Geld angeboten, aber sie hat es nicht genommen.« Politkowskaja erfuhr dies durch ihren alten Bekannten Buwadi Dakoiev. Er ist der stellvertretende Kommandeur der Pro-Kreml-Truppen OMON, einer speziellen Armeeeinheit. Die

Journalistin traf Buwadi heimlich. Er würde Schwierigkeiten bekommen, wenn bekannt würde, dass er sie getroffen habe. Buwadi bat Politkowskaja, um Gottes willen in einer sicheren Unterkunft zu bleiben.

Er war aus guten Gründen besorgt, sie würde ermordet werden. »Ramzan is very angry with you«, sagte er ihr. »You must not go out.«

Aber die Journalistin bleibt, die sie ist: Sie muss jemanden in Grosny treffen. Buwadi bietet die Mitnahme in einem OMON-Wagen an. Politkowskaja lehnt natürlich ab. Denn damit würde sie ein Ziel für die menschenrechtlich nicht minder berüchtigten tschetschenischen Mujaheddin. Buwadi fragte noch: »Haben Sie wenigstens ein paar Gewehre in dem Haus, in das Sie gehen?« Die Journalistin muss lächeln. Sie saß immer zwischen den Stühlen. Wenn jemand sie bedroht hatte, wurde sie von den Feinden des Bedrohers geschützt.

»Warum erzähle ich das in dieser Ausführlichkeit über Buwadi? Weil die Menschen in Tschetschenien um mich sehr besorgt sind. Und ich finde das sehr anrührend. Sie fürchten um mein Leben mehr, als ich das tue. Und deshalb kann ich wahrscheinlich überleben«, schreibt sie.

Noch einmal zitiert Politkowskaja – für uns im sicheren demokratischen Westen – den Verfolger in der Umgebung von Putin, Surkow. Er teilt die Menschen auf: in diejenigen, die auf unserer Seite sind, und diejenigen, die auf der anderen Seite sind. Wenn ein Journalist auf ihrer Seite ist, so Surkow »dann wird er Auszeichnungen, Medaillen, Respekt erhalten, vielleicht wird er auch eingeladen, ein Abgeordneter in der Duma zu werden«, also im russischen Parlament.

Sie erklärt – und das liest sich wie eine wunderbare Ehrenerklärung des Journalismus, die sich auch westliche Journalisten als Mahnung über den Schreibtisch hängen sollten: Wenn ein Journalist nicht auf der Regierungsseite sei, dann werde er mit dem Etikett versehen als jemand, der auf der Seite der europäischen Demokratie und der europäischen Werte stehe. Automatisch werde er dann zum Paria gestempelt. Denn unsere Form der Demokratie ist die »Souveränitäts-Demokratie« oder auch »unsere traditionelle russische Demokratie«. Keiner weiß, was das ist. »Ich bin wirklich kein politisches Tier. Ich bin nie einer Partei beigetreten und würde das für einen Journalisten immer als einen Fehler ansehen, ganz bestimmt in Russland. Ich habe nie das Bedürfnis verspürt, mich für die Duma aufstellen zu lassen, obwohl ich mehrere Jahre dazu immer wieder eingeladen wurde.«

Prophetisch beendet sie diesen Artikel, in dem sie im Grunde ihren eigenen Tod voraussieht: Der Kreml antworte auf ihre journalistischen Bemühungen, indem er die Informationszugänge für sie blockiert. Aber es sei unmöglich, jemanden, der dieser Profession anhänge und ihr zugetan sei, davon abzuhalten, über die Welt um uns herum zu berichten.

»Mein Leben kann noch sehr schwierig werden. Ich bin nicht bereit, jetzt, nach allem, was ich erlebt habe, meinen Paria-Status zu akzeptieren. Aber ich werde mit ihm leben müssen«, schreibt sie, in ihre eigene Zukunft schauend mit 47 Jahren.

Sie beschließt ihren Artikel mit einem Lob auf die »Nowaja Gaseta«, ihre Zeitung, die Wladimir Putin bei seinem Dresden-Besuch in Anwesenheit von Angela Merkel noch für unwichtig erklärte. Die Hauptsache sei für sie, dass sie trotz der andauernden Bedrohung ihren Job fortsetzen möchte. Sie will die Besucher weiter in ihrem Redaktionsbüro empfangen, die sonst nirgendwo hingehen können, um über ihre Sorgen und Nöte zu berichten, weil der Kreml ihre Geschichte zu Nichtigkeitsnachrichten erklärt, »sodass der einzige Platz, wo wir sie veröffentlichen können, unsere Zeitung ist: die ›Nowaja Gaseta‹.«

Ein deutscher Fernsehkorrespondent berichtete mir: Sie hätten einen Besuch vom Sohn eines guten Freundes aus Grosny gehabt. Der erzählte, nach dem Mord und der Bekanntgabe oder besser dem Bekanntwerden des Mordes an Anna Politkowskaja habe dort absolute Stille geherrscht. Die Journalistin ist ja »bei den Leuten hoch verehrt, aber eben auch verachtet und gehasst von den Kadyrow-Leuten«. Deshalb habe sich auch niemand auf die Straße getraut. In den Häusern hätten die Menschen überall im kleinen Kreis getrauert.

Die Stimmung in Russland und in Moskau ist klamm und wie terrorisiert. Die Reaktionen auf den Mord von Seiten des »anderen Russland« bleiben weitgehend ungehört, zumindest im Lande. Bei der Beerdigung waren zwar ein paar Politiker mit sehr betroffenem Gesicht anesend, aber sie stammten allesamt aus der Jelzin-Zeit wie Igor Gajdar und Gregorij Jawlinskij.

Es gab eine Sonderausgabe vom »Center for Journalism in Extreme Situations«, von Oleg Panfilow gemacht (www.cjes.ru), in der die Kollegen der Anna Politkowskaja gedachten und selbst kleine Provinzblätter aus ganz Russland ihr Logo abdrucken ließen. Das zeigte eine wirklich breite Solidarität, ist aber vom »mainstream« weiter Teile der Öffentlichkeitvöllig unbeachtet geblieben.

Man hat mittlerweile drei Polizisten festgenommen, irgendwo im fernen Osten Russlands, die angeblich den Mord in Auftrag gegeben haben. Das könnte sogar plausibel sein, denn diese Männer waren bei den Truppen des Innenministeriums in Tschetschenien gewesen. Ein Artikel der Anna Politkowskaja, in dem sie die Polizisten schwerster Menschenrechtsverletzungen bezichtigte und das wie immer auch belegen konnte, führte später zu deren Verhaftung. Die beschuldigten mussten für mehrere Jahre ins Gefängnis, ein weiterer sitzt noch. Sie sollen damals Rache geschworen haben. Vielleicht waren sie es, die Politkowskaja ermorden ließen.

Die deutschen Journalisten in Moskau haben sofort nach dem Mord einen Brief an die Bundeskanzlerin geschrieben. Beschämend, wie wenig sich westliche Staaten, Regierungen und Gesellschaften um solche Fälle kümmern. Anna Politkowskaja hatte neben der russischen auch die US-amerikanische Staatsbürgerschaft, weil sie als Kind eines Diplomaten in New York geboren wurde. Condoleezza Rice, die Außenministerin der USA, traf wenige Wochen nach dem Mord den Sohn und die Redakteure der »Nowaja Gaseta«. Sie bat sie zu sich ins Hotel, allerdings waren keine Kameras zu dem Treffen zugelassen. Nur der Fotograf von »Nowaja Gaseta« durfte fotografieren. Offenbar wollte sie nicht zu weit gehen in ihrem Solidaritätsbemühen.

Das Einzige, was wir westlichen Journalisten tun können, ist, unsere Regierung aufzufordern, an der Aufklärung des Falles zu arbeiten, und sich vielleicht um die Angehörigen von Anna Politkowskaja zu kümmern.

Anna Politkowskaja hat einen Sohn und eine Tochter. Vera steht unter Polizeischutz, weil sie im Auto gesessen ist, als der Täter den Tatort verließ. Möglicherweise hat sie den Mörder beobachtet.

Der Anschlag auf Anna Politkowskaja ist ein herber Rückschlag für Russland. Immer wieder hat André Glucksmann, einer der besten Verteidiger der Sache der Tschetschenen, darauf hingewiesen, dass Putin in nicht einem Punkt etwas von dem erfüllt, was eine Menschenrechts- und Demokratie-Hoffnung für Russland genannt werden könnte.

Der ehemalige deutsche Bundeskanzler hat sich durch seine bis heute nicht korrigierte Formulierung blamiert: Wladimir Putin sei ein »lupenreiner Demokrat«. Es wird Zeit, dass es eine westliche, ganz besonders eine europäische Politik gibt, die für die russische Bevölkerung eintritt. Denn das war ja die Hauptbotschaft von Anna Politkowskaja: Das totale Unrechtsregime, das man dem Kaukasus übergestülpt hat, wird schlimme Folgen für den Zustand Russlands haben.

»Die Morde begeistern unsere Faschisten, schaden Russland auf der ganzen Welt und spalten das Land.«
Wiktor Jerofejew, Schriftsteller

Am 24. Oktober 2006 meldet die F.A.Z. aus Moskau: Die russische Staatsanwaltschaft habe im »Fall Politkowskaja« ein Strafverfahren eingeleitet. Das wäre allein schon Anlass genug, auf der ganzen Welt in ein einziges protestierendes Gelächter auszubrechen, denn es sind ja diese korrupten und von Politkowskaja durchgängig als durchtrieben und bestechungsfähig erkannten Justizorgane, die das tun. Das aber bedeutet für die reale Aufklärung nichts.

Dieser Auftragsmord hat bisher keine Konsequenz. Die deutsche Politik, wie die europäische, wie die US-amerikanische betrügen und lügen sich dabei in die Tasche. Auch die deutsche Bundeskanzlerin, die so fulminant bei ihrem ersten Besuch in Moskau die Menschenrechtsorganisationen in der Residenz des deutschen Botschafters empfangen hatte.

Jetzt setzt man darauf, dass Gras über die Geschichte der Anna Politkowskaja wächst. In den Memoiren des Ex-Kanzlers Gerhard Schröder, die Verkaufstriumphe feiern, kommt der strahlende Wladimir Putin wieder als der »lupenreine Demokrat« vor.

Was sind wir doch für eine nichtsnutzige Bande im Westen! Wir haben den Russen so viel Hoffnung gemacht. Wir haben den Menschen in der Sowjetunion versprochen, dass die Menschenrechte universal sind. Wir haben das als unsere Hauptlinie in der Außenpolitik so laut hinausposaunt, dass es bis nach Tschetschenien, nach Jekaterinburg und nach Moskau gelangt ist.

Aber was tun wir?
Wir tun nichts.

Wir koordinieren irgendwelche schwächlichdümmlichen Protestnoten, um dann dem eigenen Parlament zu sagen: Wir haben da etwas getan.

Die eigene Zeitung, die ja auch voller Angst und Schrecken ihre Arbeit weiterführen muss, die »Nowaja Gaseta« weiß nicht, gegen wen ermittelt wird. Das hatte Anna Politkowskaja vor ihrem eigenen Tod vorausgesehen. Auf einem ihr zugespielten Videoband sei die Misshandlung zweier junger Männer durch Truppen des tschetschenischen Ministerpräsidenten Ramzan Kadyrow zu sehen. Es zeigt möglicherweise auch Kadyrow selbst.
Und dieser Ramzan Kadyrow, lieber Gerhard Schröder, wurde von Ihrem »lupenreinen Demokraten« Wladimir Putin eingesetzt. Es spricht ja vieles dafür, dass der Mord an Politkowskaja ein Auftragsmord des Ramzan Kadyrow war, auch als

»Blumenstrauß« für den »lupenreinen Demokraten« gedacht, denn der hatte am Tag des Mordes – hurra – Geburtstag.

Der »lupenreine Demokrat« hat aus Russland eine »Räuberhöhle« gemacht, von der wir keinen Begriff haben. Allein das wäre für mich ein Anlass gewesen, die Energiegeschäfte mit Russland zurückzufahren und hier bei uns alles zu tun, dass wir unbedingt auf erneuerbare Energien umschwenken.

Anna Politkowskaja hat das Entsetzen und die Fassungslosigkeit der westlichen Leser ihrer Artikel und Bücher vorausgesehen: »Das kann doch nicht wahr sein!«, höre sie den konsternierten westlichen Leser ausrufen. »So etwas ist einfach nicht möglich.«

Und es gibt genug Beispiele für diese Entwicklungen – wie die bereits erwähnte Geschichte um Fedulew zeigt. Er konnte die Mitarbeiter der Verwaltung selbst auswählen. Da ernannte er Juri Skworzow, dann auch noch Wladimir Putajkin. Er verfolge, diejenigen zu säubern, die immer noch gegen die Mafia in Jekaterinburg aufzubegehren wagten oder sich nicht von Fedulew kontrollieren ließen. Putajkin musste auf Befehl unbedingt eine Aufstellung geben, wer von den Milizionären gegen Fedulew opponierte. Er wusste keinen. In der Nacht nahm er einen Milizoffizier zu sich nach Hause. Seine Aufgabe war es: Er solle alle Fedulew-Gegner unter den Milizionären benennen. Um das zu erreichen, setzte er ihn total unter Alkohol. Der junge Offizier wollte aber nicht zum Denunzianten werden. Also zwang ihn Putajkin, sich mit der eigenen Dienstpistole zu erschießen.

Ja, das kann eigentlich nicht wahr sein.
Doch Anna Politkowskaja sagte: »Immer schön ruhig, es ist möglich – und wie es möglich ist. Genau so entstanden und erstarkten unter Jelzin die kriminellen Strukturen, die heute, unter Putin, das Leben des Staates bestimmen.«

Die »Szene« im Land ist nach dem Mord wie gelähmt. Anna Politkowskaja war bei den Menschen, den Bürgern, hoch verehrt, aber bei den von Moskau ausgehaltenen Offiziellen und den Kadyrow-Leuten verachtet, gehasst und verfolgt.

Anna Politkowskaja war mehr als eine Journalistin.

Das Begräbnis war eine Genugtuung, aber zugleich auch eine traurige Erfahrung für die Freunde von

Anna Politkowskaja. Die Reaktionen des »anderen Russland« zeigen bei den offiziellen Stellen unter Putin überhaupt keine Wirkung. Putin ist sich ganz sicher, dass der Mord an Politkowskaja nur ein blöder Fehler seines Geheimdienstes war. Denn sie konnte ihm als geschundene Journalistin der »Nowaja Gaseta« nicht so schädlich sein wie als ermordete Journalistin. Deshalb, allein deshalb hat er einen Anflug von Betroffenheit gezeigt.

Putin hat zur Ermordung der wunderbaren Journalistin Anna Politkowskaja kommentierend gesagt: Sie habe Russland geschadet, als sie noch lebte. Aber jetzt durch den Mord schade sie Russland noch mehr.

Wer hat je, seit den Zeiten der Christenverfolgung, jemandem so etwas nachgerufen, dass er besser nicht geboren worden wäre.

Auf der Rangliste der Länder zum Thema Pressefreiheit, die von der Journalistenorganisation »Reporter ohne Grenzen« vorgelegt wird, nimmt Russland einen Platz weit hinter Zimbabwe und Robert Mugabe ein: Als Nummer 147 ist Russland im internationalen Vergleich noch einmal um neun Plätze nach hinten gerutscht. Und das könnte sich erheblich verschlechtern, denn diese

Liste wurde vor den Morden an Anna Politkowskaja und an dem Verwaltungschef der Nachrichtenagentur »Itar Tass«, Anatoli Woronin, erstellt. Man beobachtet in den Kreisen der Journalisten in Moskau mit Sorge, dass das halbstaatliche Unternehmen Gazprom nun auch die Printmedien unter seine Kontrolle bringt. Es gibt nur noch für Weißrussland einen schlechteren Platz, das Land hat aber auch keinen »lupenreinen Demokraten« zum Diktator, sondern einen lupenreinen Antidemokraten. Staatschef Aleksandr Lukaschenko hat wegen der von ihm manipulierten Wiederwahl die wenigen noch arbeitenden Redaktionen im Lande heftig schikaniert. Das Gros der Medien ist ohnehin längst auf Linie gebracht.

Wir in Deutschland können uns nicht vorstellen, was es auch in den Ländern der Dritten Welt bedeutet, keine freie Presse, keine Zeitungen zu haben, keine Medien, die etwas auf sich halten, sondern die alle »gekauft« sind. Gegen Korruption helfen aber nur Polizei und Öffentlichkeit, Medien und Zeitungen.

Es war eine schlimme Zeit in Angola. 1994 bekam ich zum ersten Mal mit, wer Victor de Mello war. In einem Gespräch in der Residenz des deutschen Botschafters Helmut van Edig war es, dass ich erstmals von ihm hörte. De Mello war der gefährlichste und ein gefährdeter Journalist in Angola. Das Land hatte bisher keinerlei Erfahrung mit Medien, Zeitungen und Fernsehen. Das Fernsehen war dem Staat so total verhaftet, dass es jeden Sonntag antreten musste: um die Auffahrt der Staatslimousinen vor der Kathedrale zu filmen. Die Kameras zeigten den Staatspräsidenten Eduardo dos Santos und seine neue Frau, die sich gemäß der neuen politischen Korrektheit zum Hochamt der katholischen Kirche chauffieren ließen.

Vorher hatte der Präsident einer anderen Korrektheit gefrönt, er hatte diesen Frondienst sogar übertrieben.

In der Zeit, in der die MPLA, die »Movimento Popular de Libertação de Angola«, die Volksbewegung zur Befreiung Angolas, den Bürgerkrieg mit Moskaus und Castros Hilfe gewonnen hatte, nahm er sich sogar eine russische Frau. Als der Kalte Krieg zu Ende war und Namibia in die Unabhängigkeit entlassen wurde und dann sogar die kubanischen Truppen das Land verlassen

mussten, da schickte der neu gewendete Wende-
hals Eduardo dos Santos seine russische Frau
nach Moskau zurück und heiratete eine Stewar-
dess der angolanischen Fluglinie, mit der er die
nächsten Jahre posierte.

Victor de Mello hatte eine eigene Zeitung mit
gefährlichen Wirkungen erfunden, ihr Name
»Imparcialfax«. Das war eine Fax-Zeitung. Zu
mehr hatte er nicht das Kapital. Eine Zeitung mit
diesem brandgefährlichen Inhalt hätte de Mello
sicher nicht auf den Straßen verteilen lassen
können. Die Behörden und die Minister, die
wichtigen Vizeminister und die Ministerialen in
Luanda, der Hauptstadt von Angola, fürchteten
sich vor dem »Imparcialfax«. Denn dieser de
Mello war einer von der gleichen professionellen
»Rasse« wie Anna Politkowskaja oder Amira Hass
in Israel/Palästina.

Er bekam alles heraus. So recherchierte er, dass
einige Minister die Bierfabrik in Luanda kaputt
machten, weil es für sie und ihre eigenen Geld-
börsen vorteilhafter war, portugiesisches Bier
einzuführen und dafür Provisionen einzustrei-
chen. Er ermittelte, dass der langjährige Angola-
Botschafter in Deutschland eine große Bestellung

von Mercedes 600 bei Daimler-Benz machen sollte. Er bestellte die hundert Wagen, sagte aber, die Bestellung wäre nur wirksam, wenn er einen Wagen extra und umsonst für sich selbst bekäme. Gesagt, getan. Für die Firma in Stuttgart-Untertürkheim war es gleich. Der Botschafter bekam die Rechnung über die hundert Mercedes 600 und dazu eben den Wagen für sich selbst und seinen privaten Gebrauch. Diese Rechnung schickte der Botschafter aber zurück an die Hauptgeschäftsstelle, er wollte eine Rechnung über 101 Wagen der Luxusklasse, sodass er damit in den Genuss eines ihm geschenkten Autos dieses Typs kam. Er wurde also Besitzer des Wertes von zwei Mercedes 600. Der korrupte Botschafter, der eine große Rolle bei Sonangol, der Ölfirma in Luanda, gespielt hatte, von seinen Konkurrenten aber ausgebootet wurde, bekam zweimal diesen Mercedes 600.

Das alles wissen wir nur über das »Imparcialfax« des Victor de Mello. De Mello schickte diese Faxe an die Weltagenturen, an alle Botschaften und Konsulate in Luanda wie auch an die wichtigsten Ministerien in der Hauptstadt. Dort in den Ministerien wartete man schon auf den Nachrichtendienst, um ihn in gehöriger Zahl zu verbreiten und zu vervielfältigen.

Wie es der Botschafter und Graf von Krockow voraussagten: Victor de Mello wurde eines helllichten Tages vor seiner Wohnungstür erschlagen. Niemals wurde dieser Mord an einem »Helden des Journalismus« aufgeklärt. Die Regierung wurde nicht einmal dazu gezwungen, routinemäßig eine Nummer für ein Ermittlungsverfahren zu benennen. In solchen Ländern werden Journalisten eben ohne juristische Aufklärung umgebracht.

Ortswechsel: In Zimbabwe kann der Herrscher aller Zimbabwer einfach die Wahlen fälschen, die eigene Landwirtschaft kaputt machen, er kann auch die einzige Oppositionszeitung schließen, die »Daily News«. Jetzt bleiben den Zimbabwern nur noch das Staatsfernsehen und die Staatszeitung »The Herald«. Und diese berichten, dass im Reich des Robert Mugabe die Sonne nicht untergeht.

In Ruanda habe ich jetzt eine Zeitung, die »New Times«, gelesen, deren Artikel alle so aussehen und zu lesen sind, als ob sie dem Präsidenten des Landes Freude machen sollen.

Auch Polen macht keine gute Entwicklung durch, was die Pressefreiheit angeht. Die Manipulationen des von der katholischen Kirche und rechtsextremen Kreisen betriebenen Radiosenders »Mariya« haben Polen als EU-Mitglied auf der Liste der Pressefreiheit auf den 58. Platz zurückfallen lassen.

Es gibt eine weitere Journalistin, die andauernd gefährdet ist: die Jüdin Amira Hass. Sie arbeitet seit Jahren sowohl im Gazastreifen wie auf der Westbank. Sie ist neben Gideon Levy (auch von »Ha'aretz«) die einzige Reporterin, die dort ständig wohnt und arbeitet. Sie hat den Stolz, den Boden der Menschen, die vorgeblich jeden Juden töten, nicht mehr zu verlassen.

Ihre Artikel sind Beweis dafür, was Journalismus in einer recht- und gesetzlosen Welt bedeuten kann.

Amira Hass wird am 22. Juli 2003 nach Ramallah ins Krankenhaus gerufen, um mit einem Mann zu reden, der von israelischen Soldaten schwer geschlagen worden war. Die Geschichte, die Amira Hass erfuhr, war unheimlich: Er war von Soldaten am Kontrollpunkt Kalandhia im Süden von Ramallah festgenommen worden. Der Name seiner ausgedehnten Familie ist Barghuthi. Die Soldaten – so sagte es der Mann – waren überzeugt, dass er mit dem Leiter der Fatah, Marwan Barghuthi, verwandt sei.

Sie verbanden ihm die Augen, fesselten ihm die Hände hinter dem Rücken und zwangen ihn, auf dem unebenen Boden zu sitzen. Es wurde Nacht. »Sie hatten ihm seit neun Uhr morgens nur ein Glas Wasser zu trinken gegeben. Dann fingen sie an, ihn mit den Fäusten und einem Stock zu schlagen. Seine Hände schmerzten, aber die Soldaten weigerten sich, die Handschellen zu lockern. Er erhielt ein belegtes Brot und ein zweites Glas Wasser, durfte aber zweiunddreißig Stunden nicht auf die Toilette gehen.«

Dann kam die Ablösung der Soldaten. Er wurde freigelassen.

Amira Hass sah ihn zwei Stunden später, sah die geschwollenen Hände, seinen zerschlagenen Rücken und die Augen, die sich mit Tränen füllten. Amira Hass wollte all das dem Armeesprecher melden. Die Soldaten würden natürlich alles abstreiten. »Dieser Mann soll kommen und versuchen, einige von ihnen zu identifizieren.« Seine Familie habe ihn davon abgebracht, sich offiziell zu beschweren. »Wenn du dich beschwerst, werden sich die Soldaten an anderen Kontrollpunkten an uns allen rächen.«

Amira Hass: »Soll ich nun über diesen Fall berichten oder die berechtigten Ängste der Familie vor Racheakten respektieren?«

Amira Hass notiert am 19. April 2006: Sie muss heute fünf Personen abweisen, die sie bewegen wollten, über ein schreckliches Ereignis zu berichten. Der erste Anrufer ist Ya'bed, ein Freund aus dem Norden Gazas, der sie bat, über eine Invasion zu berichten, bei der auch Kinder verwundet wurden.

Die zweite Anruferin gehörte als Aktivistin zu »Mahsom Watch«. Sie hatte mit angesehen hatte, wie zwei Verwundete an einem Kontrollpunkt aus einem Krankenwagen geholt und stundenlang festgehalten wurden. »Mahsom Watch« ist dieser fantastische Verbund von jüdischen Frauen, die in eigenem humanitärem Auftrag an den Checkpoints stehen und aufpassen, dass es nicht zu übermäßigen Menschenrechtsverletzungen, Demütigungen und Schikanen kommt.

Der dritte Anrufer wohnt in Anata, einem Dorf bei Jerusalem, wo der Bau der Sperranlagen ständig Zusammenstöße zwischen Kindern und der Grenzpolizei provoziert. Wieder wurde ein Kind durch ein Metallgeschoss mit Gummiüberzug schwer verwundet.

Das ist Journalismus unter Extrembedingungen. Alleine nur sehr schwer zu ertragen. Von einer Einzelkämpferin, die es durch ihre Arbeit ermöglicht, dass der Ruf Israels, was die Pressefreiheit angeht, immer noch sehr gut ist.

Sie beschreibt die Lage in Hebron ohne »Lack« und Taktik. Dort werden wegen der Bequemlichkeit von vierhundert Siedlern zwanzigtausend Palästinenser seit dem ersten Tag des Aufstands unter Hausarrest gestellt. Sie hat immer wieder beobachtet, wie die Aufforderung und Bestechung zur Kollaboration diese Gesellschaft kaputt macht. Eine unbeirrbar klare Analyse des Zustands.

Hunderte von Straßensperren im Westjordanland zwingen zum Bitten und Betteln. All das nervt die Bewohner: die Aussicht, abgewiesen zu werden, die wiederholten Gänge zum palästinensischen Verbindungsbüro, wo Hunderte von Menschen die unglaublichsten Geschichten erzählten, der Gang zu einem israelischen Beamten zum Beispiel, der einem mitteilt: »Wenn du uns hilfst, helfen wir dir«, womit dieser Beamte nach Amira Hass sagen will: »Werde Kollaborateur, und du bekommst deine Genehmigung«.

Die gescheitesten Leute in den privaten und den staatlichen Büros sind Tag und Nacht mit der einfachen Aufgabe ausgefüllt, eine Reisegenehmigung zu ergattern.

Und zwei weitere Anrufe in der Redaktion. »Ich entschuldige mich bei allen.« Amira Hass hat nämlich gerade einen langen Artikel zu schreiben. Sie müsste zu jeder der fünf Geschichten länger recherchieren. »Ich wagte es nicht, den Anrufern zu sagen, dass ich täglich ähnliche und schlimmere Berichte zu hören bekomme. Man bräuchte eine ganze Armee von Journalisten, um sie alle zu überprüfen, um hier allen gerecht zu werden, und die gesamte Zeitung, um sie abzudrucken.«

Anna Politkowskaja

In Kiew kann man Triebe sprießen lassen

Eine schreckliche, mehrmonatige Odyssee des Menschenrechtlers Osman Boliew aus Dagestan hat ein glückliches Ende gefunden. Die Schweiz hat ihm das beantragte Asyl gewährt. Ich erinnere daran, was mit Boliew passiert ist, dem Leiter der bescheidenen Menschenrechtsorganisation »Romaschka« aus Hasawirt in Dagestan.

Im November 2005 wurde Osman von der Polizei ergriffen. Ihm wurden Handschellen angelegt, und dann wurde ihm eine Handgranate in die Tasche gesteckt – so wurde er verhaftet. Zu dem Festgenommenen kamen gewisse Herrschaften, die sich als Offiziere des örtlichen FSB vorgestellt haben. Sie versuchten, mit ihm eine Vereinbarung zu treffen: Wenn er die Beschwerde vor der Europäischen Menschenrechtskommission nicht weiter betreibt, würde er freigelassen.

Eine derartige Zusammenarbeit hat der Menschenrechtler abgelehnt. Boliew wurde geschlagen und gefoltert, wurde auf den Bauch gelegt, und man sprang ihm so lange auf den Rücken, bis er das Bewusstsein verlor.

Weiter ist dann ein Wunder passiert. Boliew, der den Besitz der Handgranate nicht zugegeben hat, ist nach vier Monaten aus dem Gefängnis entlassen worden. Das Gericht von Hasawirt hat festgestellt, dass die Handgranate ihm untergeschoben wurde. Der Richter wurde allerdings nach dieser Entscheidung ganz schnell wegen seiner »eigenmächtigen« Handlung entlassen.

Boliew ist nach seiner Freilassung für längere Zeit ins Krankenhaus gekommen – Folgen seiner Folterung. Anfang des Sommers war Boliew schon einigermaßen wiederhergestellt. Er wurde von der Staatsanwaltschaft benachrichtigt, dass gegen ihn eine neue Anklage wegen »Mitgliedschaft in einer illegalen bewaffneten Gruppierung« erhoben wird.

Osman war fassungslos: »Wie wollen sie es schaffen, aus mir ein Mitglied einer illegalen bewaffneten Vereinigung zu machen?«

Bald sollte er es erfahren. Der Name Boliew wurde im Zusammenhang mit der Verlängerung der Untersuchungsfristen im Kriminalfall »Nordost«[18] genannt. Osman wurde zu einem, der »am

---

[18] Gemeint sind die Ermittlungen zum Geiseldrama im Moskauer Dubrowka-Theater.

Telefon mit einem der Terroristen gesprochen hatte« …

Es ist ja auch bekannt, wie für einen anderen, der »am Telefon mit den Terroristen gesprochen hat«, wie für Saorbek Talchigow die Sache ausgegangen ist, der geholfen hatte, die ausländischen Geiseln freizubekommen. Er hat achteinhalb Jahre verschärfte Haft für »Begünstigung der Terroristen« bekommen. Um zu diesem Urteil zu gelangen, hatte das Gericht in Moskau keine Beweise erhoben und noch nicht einmal ein fonografisches Gutachten benötigt.

Aber Boliew ist in die Ukraine geflüchtet – er wollte seiner Verhaftung zuvorkommen. Dort hat er sich in die Obhut der UNO-Vertretung begeben. Sie hat ihm Schutz gewährt, und die Schweiz hat bald danach Unterstützung und Asyl zugesagt.

Weshalb flüchten jetzt Politische aus Russland? Weil sich allmählich ein Schema herausgebildet hat: Wenn man gegen Repressionsinstrumente ist – und Boliew hat an einer Materialsammlung für die Europäische Menschenrechtskommission mitgewirkt, in der die Übergriffe der Sicherheitskräfte dokumentiert wurden –, dann werden einen diese Kräfte nicht leben lassen. Das ist in Dagestan nicht anders als in Moskau. Sie werden immer einen Paragrafen finden, um ihn ins Gefängnis zu stecken. Greift der eine Paragraf nicht, finden sie einen anderen.

Ein weiteres markantes Beispiel ist das Schicksal von Michail Trepaschkin, einem Gefangenen aus dem Arbeitslager Nischnij Tagil. Trepaschkin ist ein ehemaliger Offizier des KGB/FSB, der gegen die Methoden seiner eigenen Behörde aufgetreten ist und ganz unbeugsam in seinem Widerstand war. Dafür wurde er das Opfer von gefälschten Beschuldigungen und Anklagen und landete im Gefängnis. Die einzige Möglichkeit, einem ähnlichen Schicksal zu entgehen, ist die Flucht aus dem Land und die Beantragung von politischem Asyl. Alles wie gehabt. Und Kiew ist ein idealer Ort dafür geworden. Erstens kann unsereins dorthin ohne Visum fahren; denn wenn man auf der Flucht ist, hat man keine Zeit für ein Visum. Und zweitens ist Meinungsfreiheit dort noch gefragt. Also, das wird ein sehr interessanter Tausch: Während ukrainische Gastarbeiter nach Russland fliehen, um Geld zu verdienen, flüchten russische Politische in die Ukraine.

»Nowaja Gaseta«, 14. September 2006

*»Einfache Redlichkeit ist keine Antwort auf das Böse
in der Welt.«*
Alexander Solschenizyn

Wladimir Putin

»… eine Kritikerin der jetzigen Machtverhältnisse«

PUTIN: Die Ermordung eines Menschen ist ein sehr schweres Verbrechen – sowohl vor der Gesellschaft als auch vor Gott. Die Verbrecher müssen gefasst und verurteilt werden. Bedauerlicherweise ist das nicht das einzige Verbrechen dieser Art in Russland. Wir werden alles tun, um die Verbrecher ausfindig zu machen.

In der Tat war die Journalistin Politkowskaja eine Kritikerin der jetzigen Machtverhältnisse. Im Allgemeinen ist das typisch für alle Vertreter der Presse, aber sie hat radikale Positionen eingenommen. In jüngster Zeit galt ihre Aufmerksamkeit der Kritik an der offiziellen Macht in Tschetschenien. Ihr politischer Einfluss im Lande war aber nicht sehr groß. Sie war eher bekannt in Menschenrechtskreisen und westlichen Massenmedien.

Süddeutsche Zeitung: Wem nützt Politkowskajas Tod?

Putin: Die Ermordung Politkowskajas schadet der russischen und insbesondere auch der tschetschenischen Führung erheblich mehr, als es ein Zeitungsartikel vermag. Dieses schreckliche Verbrechen fügt Russland großen moralischen und politischen Schaden zu. Es schadet dem politischen System, das wir gerade aufbauen – ein System, in dem für jeden die Meinungsfreiheit garantiert ist, auch in den Massenmedien.

»Süddeutsche Zeitung«, 10. Oktober 2006

Irina Scherbakowa

»Mit letzter Kraft schreien«
Ein Nachruf

Am 7. Oktober 2006 wurde die russische Journalistin Anna Politkowskaja ermordet. Ihr Leben war bis zur zweiten Hälfte der neunziger Jahre typisch für viele Journalisten ihrer Generation. Ihr Mädchenname, Masepa, klingt für das russische Ohr durch und durch symbolisch – erinnert er doch an das berühmte Poem von Puschkin, »Poltawa«, das Peter dem Großen gewidmet ist. Sie brachte zwei Kinder zur Welt und nahm, so wie alle Frauen, die Mühen des sowjetischen Alltags auf sich. Schön war sie und beeindruckend, hatte ein ausdrucksvolles Gesicht und einen schwierigen Charakter. Und sie wurde eine jener starken, unabhängigen und mutigen Frauen, die die neue Epoche hervorbrachte und die sich wesentlich unerschrockener und konsequenter verhielten, als viele ihrer männlichen Kollegen.

Nicht zufällig erinnerten sich alle nach der Tragödie an ein anderes Verbrechen – den Mord an der Abgeordneten Galina Starowoitowa, die 1998 ebenfalls durch die Hand eines Auftragskillers im Eingang ihres Wohnhauses starb.

Ab Mitte der neunziger Jahre arbeitete Anna Politkowskaja bei verschiedenen russischen Medien; wirklich bekannt wurde sie aber in den Jahren 1999–2000 durch ihre Artikel über den zweiten Tschetschenienkrieg. Sie fuhr nach Tschetschenien und schrieb über die Verbrechen der russischen Soldaten an der örtlichen Bevölkerung. Auch in den folgenden Jahren beschäftigte sie sich mit Recherchen über die Gräueltaten in Tschetschenien, zuletzt denen des Regimes von Ramzan Kadyrow, ohne die so genannte »Tschetschenisierung« des Konfliktes je zu akzeptieren – was noch gefährlicher war, als über die Verbrechen der russischen Truppen zu schreiben. Das aber war ihr Prinzip: alles zu veröffentlichen, ohne die möglichen Folgen für sich zu bedenken. Der letzte Artikel, an dem sie arbeitete, beinhaltete von ihr recherchierte Zeugenaussagen zu Entführungen und Folter durch Kadyrows Leute.

Anna Politkowskaja war eine weit bedeutendere Menschenrechtsaktivistin als viele, die sich so nennen. Als 2002 das Moskauer Dubrowka-Theater von Terroristen überfallen wurde, brachte sie den Geiseln Wasser und recherchierte das verbrecherische Vorgehen der Behörden während des Sturms auf das Theater auch dann noch, als viele die Hoffnung auf Klärung schon lange aufgegeben hatten. Sie machte sich auf nach Beslan, um Verhandlungen mit jenen aufzunehmen, die die Schule überfallen hatten, aber man vergiftete sie unterwegs und brachte sie fast um. Sie war eine der letzten Persönlichkeiten im russischen Journalismus, die mit letzter Kraft »schreien«; sie tat alles, um gehört zu werden. Anna Politkowskaja wurde ständig bedroht, und sie hatte jeden Grund, Angst zu haben. Aber alle, die sie kannten, wussten, dass man sie nur mit einer Kugel würde aufhalten können.

Der Tod von Anna Politkowskaja hat die russische Gesellschaft erschüttert. Zumindest jenen Teil der Bevölkerung, den man irgendwie als Zivilgesellschaft bezeichnen kann. Die Erschütterung war so groß, dass sie sogar die Fernsehblockade durchbrach, die schon einige Jahre anhält und zur Gewohnheit geworden ist: Niemand wundert sich mehr darüber, dass viele Namen und Themen vollständig aus allen Programmen und Kanälen verschwunden sind. In den russischen Medien herrschen – sieht man einmal von einigen wenigen Zeitungen mit kleiner Auflage und einem Radiosender ab – Zynismus und Gleichgültigkeit, die an die Breschnjew-Zeit erinnern.

Doch die heutigen »bleiernen Zeiten« unterscheiden sich von den früheren durch einen noch viel größeren Zynismus und auch dadurch, dass sich viele in ihnen sehr wohl fühlen. Es versteht sich von selbst, dass der Name Politkowskaja in diesen Medien schon lange tabu war. Erst der entsetzliche Mord zwang sie dazu, wieder über diese Frau und das, was sie mit ihren Artikeln erreicht hatte, zu sprechen.

Anna Politkowskaja arbeitete bei der in kleiner Auflage erscheinenden »Nowaja Gazeta«, einer der letzten unabhängigen Zeitungen Russlands. Sie wurde mit vielen internationalen Preisen ausgezeichnet – doch darüber wurde in Russland nicht geschrieben und dort konnten sie diese Preise auch nicht schützen. Als sich die Nachricht vom Mord an ihr verbreitete, zweifelte niemand daran, dass er aus politischen Motiven verübt worden war.

Darin besteht auch das Entsetzliche der heutigen Situation in Russland: dass man auf die Frage, wer ihren Tod gewollt haben könnte, viele Antworten geben kann. Natürlich Ramzan Kadyrow und seine Leute in Tschetschenien. Natürlich verschiedene Ultranationalisten und pro-faschistische Kräfte in Russland. Natürlich hasste die russische Staatsmacht sie – und die zynischen Kommentare darüber, dass ihr Tod mehr Schaden angerichtet habe als ihre Artikel, bestätigen diese These. Ebenso wie die aus Sowjetzeiten nur allzu bekannten Erklärungen, wonach am Tod der Journalistin vor allem irgendwelche Kräfte aus dem Westen interessiert gewesen seien, die Russland schaden wollten.

Wer auch immer hinter diesem Mord steht – die Art, wie er organisiert wurde, zeugt vom Fehlen jeglicher Angst und von der Überzeugung, straffrei auszugehen. Anna Politkowskajas Tod aber ließ den so hartnäckig beförderten Mythos, dass in Russland endlich »Ruhe und Ordnung« hergestellt und die lang erwartete »Stabilität« eingetreten seien, bröckelt. Dieser Mord ist die schreckliche logische Folge der Entwicklung des heutigen Russlands – und es bleibt nur eine Hoffnung: dass Annas Tod diejenigen zum Nachdenken über das Schicksal des Landes bringt, die noch in der Lage sind, darüber nachzudenken.

Autorinnen und Autoren

NATALIA LIUBLINA
Die Literaturwissenschaftlerin lebt als Übersetzerin aus dem Russischen mit ihrem Mann und
zwei Kindern in Berlin. Sie ist Scout für russische
Literatur und übersetzte für dieses Buch die Inter-
views mit Anna Politkowskaja sowie ihre drei
Beiträge aus der »Nowaja Gaseta«.

HARALD LOCH
Der Jurist und Historiker berichtet als Journalist
über die europäische, deutsche und insbesondere
auch über die Berliner Kultur- und Literatur-
szene. Er rezensiert Bücher für deutsche Tages-
zeitungen und Rundfunkanstalten und beteiligt
sich jährlich an einem deutsch-französischen
Literaturtreffen in Frankreich.

MARGARETA MOMMSEN
Die Russland-Expertin ist emeritierte Professorin für Politikwissenschaften an der Universität
München. Sie war zuletzt Inhaberin des Lehrstuhls
für politische Systeme Osteuropas und der Nachfolgestaaten der Sowjetunion am Geschwister-
Scholl-Institut der Ludwig-Maximilians-Uni-
versität.

Buchveröffentlichungen u. a.: Wer herrscht in Russland? Der Kreml und die Schatten der Macht (C. H. Beck, 2003); Nationalismus in Osteuropa. Gefahrvolle Wege in die Demokratie (C. H. Beck, 2002); Wohin treibt Russland? Eine Großmacht zwischen Anarchie und Demokratie (C. H. Beck, 2000).

ANDREI NEKRASOV

Andrei Nekrasov ist erfolgreicher und mehrfach ausgezeichneter Dokumentarfilmer und Filmregisseur sowie Dramatiker und Theaterregisseur. Er inszenierte in Berlin das Stück »Königsberg«. Die Hauptfigur ähnelt dem damals unbekannten Ex-FSB-Offiziers Alexander Litwinenko, der Opfer eines Giftanschlags in London wurde. Nekrasov stellt derzeit einen Dokumentarfilm über seinen Freund Alexander Litwinenko mit dem Titel »Before They Kill More« fertig und produziert den TV-Dokumentarfilm »The Age of Delirium« über Psychiatrie und Psychologie in der Sowjetunion. Sein Buch »The Next Revolution« wurde in Kiew verlegt. Außerdem arbeitet Nekrasov an einem Roman.

RUPERT NEUDECK

Der Journalist leitete beim Deutschlandfunk die Abteilung Politisches Feature. Er ist Gründer der Hilfsorganisation »Komitee Cap Anamur/Deutsche Notärzte« und rettete mit ihr mehr als zehntausend vietnamesische Flüchtlinge, sogenannte »boat people«. Im April 2003 wurde er zum Mitbegründer und Vorsitzenden des Friedenskorps »Grünhelme« Bei zahlreichen Auslandsaufenthalten, auch in Russland, weist Neudeck immer wieder auf das Schicksal der Flüchtlinge und die Verletzung der Menschenrechte hin.

Buchveröffentlichungen u. a.: Ich will nicht mehr schweigen. Über Recht und Gerechtigkeit in Palästina (Melzer, 2005); Die Menschenretter von Cap Anamur (Heyne, 2004); Die Flüchtlinge kommen. Warum sich unsere Asylpolitik ändern muss (Diederichs, 2005).

FRITZ PLEITGEN

Der Journalist war von 1995 bis 2007 Intendant des Westdeutschen Rundfunks, er berichtete als Korrespondent aus Moskau und leitete das ARD-Studio in der ehemaligen DDR, das ARD-Studio in Washington und bis 1988 das ARD-Studio in

New York. Von 1988 bis 1993 war Fritz Pleitgen Fernseh-Chefredakteur des WDR und leitete den Programmbereich Politik und Zeitgeschehen. 1994 wurde er Hörfunkdirektor des WDR. Von 2001 bis 2002 war er Vorsitzender der ARD. Seit September 2006 ist er Präsident der European Broadcasting Union (EBU), ein Zusammenschluss von 71 Fernseh- und Rundfunkanstalten aus 52 Ländern Europas, Nordafrikas und des Nahen Ostens.

Buchveröffentlichungen u. a.: Durch den wilden Kaukasus (Fischer, 2002); Der stille Bug. Reise durch ein zerrissenes Land. Mit Annette Dittert (Ullstein, 2005).

ANNA POLITKOWSKAJA

Die investigativ arbeitende Journalistin wurde am 7. Oktober 2006 bei einem Mordanschlag getötet. Sie war als russland- und regierungskritische Publizistin durch ihre fundiert recherchierten Reportagen, insbesondere aus Tschetschenien, weltweit bekannt geworden.

Buchveröffentlichungen u. a.: Tschetschenien. Die Wahrheit über den Krieg (DuMont, 2003); In Putins Russland (DuMont, 2005); Russisches Tagebuch (DuMont, 2007).

Auszeichnungen:

Preis der russischen Journalistenunion (2001)

Courage in Journalism Award (2002)

Preis für Journalismus und Demokratie der Organisation für Sicherheit und Zusammenarbeit in Europa (2003)

Lettre Ulysses Award for the Art of Reportage (2003) für »Tschetschenien. Die Wahrheit über den Krieg«

Hermann-Kesten-Medaille (2003)

Olof-Palme Preis (2004)

Preis für die Freiheit und Zukunft der Medien (2005)

IRINA SCHERBAKOWA

Die Historikerin arbeitet auch als Publizistin und Übersetzerin. Sie ist Koordinatorin des russischen Geschichtswettbewerbs für Jugendliche »Der Mensch in der Geschichte. Russland im XX. Jahrhundert«, der von der Gesellschaft »Memorial« seit 1999 mit Unterstützung mehrerer deutscher und ausländischer Stiftungen veranstaltet wird. Die Autorin und ihre Organisation setzen sich für die Aufklärung der sowjetischen Repressionen und den Schutz der Menschenrechte im heutigen Russland ein.

Buchveröffentlichungen u. a.: Unruhige Zeiten. Lebensgeschichten aus Russland und Deutschland (Edition Körber-Stiftung, 2006); Zu wissen, dass du noch lebst. Kinder aus Tschetschenien erzählen. Mit Klaus Bednarz, Ralf Fücks, Gesellschaft Memorial und Heinrich-Böll-Stiftung (Aufbau, 2006); Russlands Gedächtnis. Jugendliche entdecken vergessene Lebensgeschichten (Edition Körber-Stiftung, 2003); Nur ein Wunder konnte uns retten. Leben und Überleben unter Stalins Terror (Campus, 2000).

NORBERT SCHREIBER
Der Herausgeber, langjähriger Reporter und Hörfunkjournalist, arbeitete in Politik- und Zeitgeschehen-Redaktionen der ARD. Er ist Redakteur im Programmbereich Kultur und Hörspiel in der Literaturredaktion des Hessischen Rundfunks. Als Mitinitiator der Tschernobyl-Hilfsbewegung erhielt er den Robert-Bosch-Preis für ehrenamtliches Engagement in Osteuropa.
Buchveröffentlichungen u. a.: Verstrahlt – vergiftet – vergessen. Die Folgen von Tschernobyl (Insel, 1996); Die Zukunft unserer Demokratie (dtv, 1979); Die aufgeklärte Republik (C. Bertelsmann, 1989).

Literatur

APPLEBAUM, ANNE: *Der Gulag*. Siedler Verlag, Berlin 2003.

BABTSCHENKO, ARKADI: *Die Farbe des Krieges*. Rowohlt Verlag, Berlin 2007.

FIGES, ORLANDO: *Nataschas Tanz. Eine Kulturgeschichte Russlands*. Berlin Verlag, Berlin 2003.

GROYS, BORIS: *Das kommunistische Postskriptum*. Suhrkamp Verlag, Frankfurt am Main 2005.

HOLM, KERSTIN: *Das korrupte Imperium. Bericht aus Russland*. dtv, München 2006.

JAKOWLEW, ALEXANDER: *Ein Jahrhundert der Gewalt in Sowjetrussland*. Berlin Verlag, Berlin 2004.

JUSIK, JULIA: *Die Schule von Beslan. Das Wörterbuch des Schreckens*. Mit einem Vorwort von Swetlana Alexijewitsch. DuMont Verlag, Köln 2006.

KOENEN, GERD: *Der Russland-Komplex. Die Deutschen und der Osten 1900–1945*. C. H. Beck Verlag, München 2005.

KOENEN, GERD: *Utopie der Säuberung: Was war der Kommunismus*. Alexander Fest Verlag, Berlin 1998 (Neuauflage: Fischer Taschenbuch Verlag, Frankfurt am Main 2000).

KAPPELER, ANDREAS: *Russland als Vielvölkerreich. Entstehung – Geschichte – Zerfall.* C. H. Beck Verlag, München 2001.

KOPELEW, LEW: *Rußland – eine schwierige Heimat.* Steidl Verlag, Göttingen 1995.

KOWALJOW, SERGEJ: *Der Flug des weißen Raben. Von Sibirien nach Tschetschenien: Eine Lebensreise.* Rowohlt Verlag, Berlin 1997.

LEONHARD, WOLFGANG: *Spiel mit dem Feuer. Russlands schmerzhafter Weg zur Demokratie.* Gustav Lübbe Verlag, Bergisch Gladbach 1996.

LOURIE, RICHARD: *Sacharow. Eine Biographie.* Luchterhand Verlag, München 2003.

MARGOLINA, SONJA: *Rußland: Die nichtzivile Gesellschaft.* Rowohlt Verlag, Reinbek bei Hamburg 1994.

MOMMSEN, MARGARETA: *Wer herrscht in Russland? Der Kreml und die Schatten der Macht.* C. H. Beck Verlag, München 2003.

POLITKOWSKAJA, ANNA: *Tschetschenien. Die Wahrheit über den Krieg.* DuMont Verlag, Köln 2003.

POLITKOWSKAJA, ANNA: *In Putins Russland.* DuMont Verlag, Köln 2005.

POLITKOWSKAJA, ANNA: *Russisches Tagebuch*. DuMont Verlag, Köln 2007.

REITSCHUSTER, BORIS: *Putins Demokratur. Wie der Kreml den Westen das Fürchten lehrt*. Econ Verlag, Berlin 2006.

RÜDIGER, KLAUS: *Michael Gorbatschow. Sein Leben und seine Bedeutung für Russlands Zukunft*. Campus Verlag, Frankfurt am Main 2005.

RYKLIN, MICHAIL: *Mit dem Recht des Stärkeren. Russische Kultur in Zeiten der ›gelenkten Demokratie‹*. Suhrkamp Verlag, Frankfurt am Main 2006.

SCHERBAKOWA, IRINA (HG.): *Russlands Gedächtnis. Jugendliche entdecken vergessene Lebensgeschichten*. Edition Körber-Stiftung, Hamburg 2003.

SCHERBAKOWA, IRINA: *Nur ein Wunder konnte uns retten. Leben und Überleben unter Stalins Terror*. Campus Verlag, Frankfurt am Main 2000.

SCHLÖGEL, KARL: *Die Mitte liegt ostwärts. Europa im Übergang*. Hanser Verlag, München 2002.

SCHOLL-LATOUR, PETER: *Russland im Zangengriff. Putins Imperium zwischen Nato, China und Islam*. Propyläen Verlag, Berlin 2006.

SOLSCHENIZYN, ALEXANDER: *Archipel GULag*. Band 1 und 2. Rowohlt Verlag, Reinbek bei Hamburg 1978.

SOLSCHENIZYN, ALEXANDER: *Ein Tag im Leben des Iwan Denissowitsch*. Verlag Droemer Knaur, München–Zürich 1963.

STETTNER, RALF: *Archipel GULag. Stalins Zwangslager. Terrorinstrument und Wirtschaftsgigant*. Schöningh Verlag, Paderborn u. a. 1996.

TREGUBOVA, ELENA: *Die Mutanten des Kreml. Mein Leben in Putins Reich*. Tropen Verlag, Berlin 2006.

TRENIN, DIMITRI: *Russland – Die gestrandete Weltmacht. Neue Strategien und die Wende zum Westen*. Murmann Verlag, Hamburg 2005.